AF464828

L

ALGÉRIE

SA COLONISATION ET SA CONQUÊTE.

OUVRAGES DU MÊME AUTEUR.

SOLUTION DE LA QUESTION DE L'ALGÉRIE, 1 vol. in-8, 6 fr. »

PORTS EN ALGÉRIE : réponse à M. Thiers, 1 vol. in-8, 1 25

RECHERCHES GÉOGRAPHIQUES SUR L'ALGÉRIE, 1 vol. in-4. (*Ne se vend pas*).

ESSAI SUR LA DÉFENSE DES ÉTATS PAR LES FORTIFICATIONS, 1 vol. in-8, 6 »

OBSERVATIONS SUR LA GUERRE DE LA SUCCESSION D'ESPAGNE, 2 vol. in-8, 12 »

Imprimerie de FÉLIX LOCQUIN, 16, rue N.-D. des Victoires.

ALGÉRIE.

QUATORZE OBSERVATIONS

SUR LE DERNIER MÉMOIRE DU

GÉNÉRAL BUGEAUD,

PAR LE

Général DUVIVIER,

ANCIEN ÉLÈVE DE L'ÉCOLE POLYTECHNIQUE.

Vox clamantis in deserto.

PARIS

H.-L. DELLOYE, ÉDITEUR,

LIBRAIRIE GARNIER FRÈRES,

AU PALAIS-ROYAL, GALERIE D'ORLÉANS.

1842.

ALGÉRIE.

QUATORZE OBSERVATIONS

SUR LE DERNIER MÉMOIRE

DU GÉNÉRAL BUGEAUD.

MOTIF DE CES OBSERVATIONS.

Un nouvel écrit sur les moyens d'utiliser l'Algérie, vient d'être ajouté au grand nombre de ceux déjà publiés sur le même sujet. Il est dû à la plume et aux réflexions de M. le général Bugeaud. La position actuelle de l'auteur, les souvenirs nombreux qui se rattachent à son nom, attireront, sans nul doute, l'attention publique sur son mémoire; sans nul doute aussi le jugement qui sera porté, les conséquences qui seront tirées, se ressentiront plus ou moins des passions ou des intérêts des juges. Examiner pied à pied cet ouvrage, puis prononcer sur son mérite, ne serait point convenant de notre part et n'est point notre but en ce moment. Mais la lecture de ce mémoire nous a suggéré quelques observations; il nous a semblé utile de les rendre publiques, car la question de l'Algérie est encore bien loin de se terminer.

Ne point accepter tous les raisonnements, toutes les vues de M. le général Bugeaud, ne saurait être reproché ni à nous, ni à tout autre, car lui-même impose, pour ainsi dire, cette condition à ses lecteurs : conséquence forcée de ce revirement absolu et subit opéré dans les opinions de l'honorable général relativement à l'Algérie, revirement sur l'examen duquel nous reviendrons plus tard, mais dont il nous importe de signaler tout de suite quelques fragments.

En 1836 *et* 1837, dit-il, *je conçus une idée peu avantageuse de la fertilité du sol Africain, tant vanté par l'antiquité... je pensais que les historiens romains avaient fait de l'hyperbole, en disant que l'Afrique était le grenier de Rome.* Or, le général, à l'époque où il pensait ainsi, n'était pas sans savoir que le pays désigné par les Romains sous le nom d'Afrique dans ces récits, n'était qu'une fraction du territoire actuel de la régence de Tunis (1); que l'Algérie n'en faisait nullement partie; il savait, en outre, que ces blés qui alimentaient Rome, étaient récoltés sur toutes ces belles plaines des environs de Carthage, saluées par les Latins du nom de *Magni Campi;* qu'ils étaient récoltés sur toutes celles bordant, dans une étendue de plus cent lieues, les côtes allongées vert le sud, depuis la ville de

(1) Pline, livre V, chap. IV.

Didon jusqu'au delà de l'île de Gerbi; il savait aussi que nourrir Rome, dont toute la campagne était transformée en jardins, n'était pas nourrir l'Italie tout entière. Ainsi donc il en résultait en 1837, comme aujourd'hui, que cette Afrique des Romains étant une tout autre contrée que l'Algérie actuelle, ce n'était pas dans l'histoire ancienne de la première qu'il fallait chercher les ressources territoriales de la seconde; de même il en résulte aujourd'hui ce qui fût résulté alors, que ce n'est pas de la fertilité incontestée de cette ancienne Afrique romaine, qu'il est permis de conclure que l'Algérie peut l'égaler en richesses. Tenir compte des renseignements que pouvaient donner les Français qui avaient vu, n'aurait-il pas été un moyen plus probable d'approcher d'une conclusion exacte? M. le général Bugeaud n'a point oublié que dans diverses discussions suscitées par lui lors de ses deux voyages, chacun s'empressa de dépeindre ce qu'il avait vu et observé. Pourquoi donc, en 1837, s'être décidé à ne pas croire?

Décidé aujourd'hui à tout voir en beau, M. le général Bugeaud écrit que *le temps a fait justice de ces exagérations, qui représentaient l'Algérie comme ne possédant ni eau, ni pierres, ni bois.* Comme preuve à l'appui, il annonce que les forêts répandues dans les diverses localités, présentent une étendue de soixante-dix mille hectares. Mais qu'est-ce donc qu'une pareille surface? c'est celle d'un carré ayant six lieues et demie de côté. — C'est un peu moins, comme étendue, que nos forêts de Fontainebleau; c'est beaucoup moins comme valeur que ces dernières, si l'on compare nos arbres beaux, bien soignés, situés en plaines, à ces arbres d'Afrique en majeure partie grêles, noueux, tortus, poussés par hasard dans les anfractuosités de rochers à peine accessibles. Vainement on nous promet comme conséquence un revenu annuel de sept cent mille francs de bouchons de liège, abstraction faite de l'immense difficulté des transports et des dangers de l'exploitation ; vainement on parviendrait par des découvertes nouvelles à décupler le nombre des forêts existantes ; tous ces résultats, pour une contrée qui compte deux cent cinquante lieues en longueur sur cinquante en largeur, ce qui égale presque la moitié de la France, n'infirmeront jamais la justesse de ces paroles de Salluste sur l'antique Numidie, *arbori infecundus*.

L'Algérie, aurait-on dit, n'a pas de pierres ? Comment une telle pensée se serait-elle présentée dans un pays hérissé de montagnes ? Ce regret n'a pu porter que sur ses immenses plaines d'alluvion ; pour celles-ci en effet le prix du transport qu'exige la longueur du trajet équivaut souvent en résultat final à une absence presque complète.

Quant à *l'eau*, tout le monde a assez lu les bulletins du corps d'occupation d'Afrique depuis douze ans, pour s'être convaincu qu'elle ne se rencontre pas partout. On sait tout ce qui a été fait et tenté vainement à Douira pour satisfaire complètement aux besoins en ce genre de ce grand établissement. Sera-t-on assez heureux pour en faire sourdre un peu plus pour les besoins du haras dont on vient, dit-on, de prescrire la formation à Mahèlma ? L'expérience l'apprendra.

Ainsi donc, si comme cela est, et comme il en convient, M. le général Bugeaud n'a pas voulu jadis *assez croire*, n'est-il pas à craindre qu'aujourd'hui il ne soit tombé dans l'excès contraire ? — Or quels résultats doit-on à ces deux opinions successives diamétralement opposées ? — Longtemps les troupes en Afrique furent maintenues à un chiffre trop faible par suite des observations de la chambre, dans laquelle le général avait influence. Ce fut alors un malheur ; le général maintenant le reconnait ; il nous dit lui-même : *heureux si dès l'origine on eût porté l'armée au chiffre actuel*. — Aujourd'hui, il demande une armée immense ! — Cette variation d'un extrême à l'autre est-elle justifiée sous tous les points de vue ? Quelques personnes, tirant induction du calcul des intérêts individuels, comme on ne le fait que trop par malheur, ont dit : « Monsieur Bugeaud a « poussé à la réduction de l'armée tant qu'il n'a pu en es- « pérer le commandement ; mais depuis, avec sa nouvelle « position, ses intérêts et par suite ses demandes ont « changé ». Nous ne saurions admettre cette explication ; nous la repoussons en entier. Mais la vérité suivant nous est ici : le général entraîné par cette impétuosité naturelle qui le domine toujours, s'est jeté à corps perdu dans une des opinions, comme il s'est jeté dans l'autre. Une nouvelle fois encore n'aurait-il pas été trop loin, ne se serait-il pas trompé ? Voilà ce qu'on est contraint de redouter ; on sent même qu'au milieu de son entrainement, ses yeux sont fréquemment frappés par des lueurs lugubres qui le heurtent, qui lui ôtent la foi. Il voit la guerre prochaine en Europe ; *nous avons besoin de marcher vite en Algérie*, répète-t-il souvent. Il regrette que la France ait songé à l'Afrique : *elle avait*, dit-il, *bien des motifs pour réserver ses armées et ses trésors, et bien des moyens de les employer plus avan-*

tageusement. Jamais toutes les considérations que j'ai exposées n'eussent suffi pour me faire conseiller à la France de se lancer dans cette vaste et difficile entreprise; mais l'Afrique est conquise; cet évènement est aujourd'hui consommé. — Ainsi, M. le général Bugeaud a répudié entièrement ses anciennes opinions pour en épouser d'autres totalement opposées; pour s'y résoudre il s'est appuyé sur diverses considérations dont certaines ne devaient pas lui être nouvelles; il annonce d'immenses avantages susceptibles d'indemniser la France au delà des sacrifices qu'elle a faits et de ceux considérables qu'il lui demande; — et pourtant! Une certaine terreur intérieure, anéantissant tout à coup dans ses pensées ces brillantes espérances, le contraint à s'écrier que la France n'eût jamais du conquérir l'Algérie. — Voilà ce qui force à lire, à étudier son mémoire avec crainte.

Nous avions, nous-même, publié sur la question de l'Algérie, une solution résumant plusieurs idées que jadis, à diverses époques, nous communicâmes au pouvoir. Nous n'avons pas eu le bonheur de nous rencontrer souvent avec l'auteur du nouveau mémoire. Personnellement nous n'avons pas eu à nous réjouir en Afrique de la bienveillance du gouverneur actuel. Amour propre d'auteur, intérêts individuels froissés, ce sont de bien dangereux compagnons d'examen. Nous pensons être assez sûr de nous-même, pour qu'ils n'exercent aucune influence sur ce que nous allons dire. Nous raisonnerons avec toute la froideur, toute l'impartialité possible. Si pourtant, ce que nous ne saurions croire, ces passions se faisaient jour en quelques points à notre insu, nous en demandons excuse au pays qui, lui, ne veut que des considérations exactes et consciencieuses; nous en demandons même excuse à M. le général Bugeaud, qui pourtant nous fut si contraire.

Première observation. — *Colonies.* — Toutes les personnes qui s'intéressent à l'Algérie, demandent qu'elle soit colonisée, que l'on y crée une colonie française. Mais chez toutes ce mot unique *colonie* ne représente pas une même idée. Chez les unes il signifie *comptoir*, *entrepôt;* chez d'autres : *grandes exploitations agricoles* par divers propriétaires possédant d'immenses étendues de terrain et agissant au moyen de capitaux suffisants dus à leur patrimoine ou à leur crédit; chez d'autres : *division de la terre* par petites portions entre des bras travailleurs et propriétaires, couvrant le pays d'une population nombreuse, vigoureuse, compacte, capable de défendre ses cultures contre de forts partis arabes. *Par la première*, on ne poursuit que des espérances de commerce; *par la seconde*, on ne suit que des spéculations d'industrie, et l'on arrive volontairement à cette débilité de résistance et à ce fatal paupérisme qui partout en sont les conséquences forcées; *par la troisième*, on crée une population tenace, on assure la conquête pied à pied de l'Algérie jusqu'au centre du Sahara, car on adopte une marche continuellement progressive et certaine, on devient maître d'effacer rapidement le paupérisme qui afflige, qui envahit la France, de l'anéantir même pour longtemps. *Pour la première*, il ne faut militairement que de moyennes garnisons et de bonnes fortifications autour de certains ports; *pour la seconde*, il faut une armée immense, fragile, constamment renouvelée, qui puisse assurer une sécurité absolue et de tous les instants, aux planteurs, en les couvrant de ses rangs serrés ; *pour la troisième*, il suffit d'une armée moyenne destinée à couvrir l'établissement des diverses places d'armes de ce véritable siège ; concurremment il faut y joindre des envois nombreux et successifs de ces hommes vigoureux de France qualifiés prolétaires, en même temps que des fonds considérables dus à la prévoyance politique de l'Etat et à la charité chrétienne des particuliers. *Avec la première*, on n'a à espérer que des *présides* et quelques refuges pour des navires ; *avec la seconde*, on ne peut apercevoir qu'un grand deuil en France et des catastrophes prochaines ; *avec la troisième*, on s'assure l'avenir, car à toutes les conditions de la prudence administrative et militaire on joint l'observance de tous les devoirs de l'humanité et de la civilisation chrétienne, la seule qui devrait être désignée par ce mot absolu *civilisation*. Ces propositions ne sont réellement que de véritables axiômes évidents pour tous ceux qui réfléchissent. Déjà, dans notre *solution de la question de l'Algérie*, nous avons essayé de les rendre populaires, mais en les présentant dans un autre ordre.

De ces trois acceptions diverses du mot *colonisation*, laquelle l'auteur du mémoire examiné a-t-il choisie ? Généralement, c'est la seconde. Les passages suivants le prouvent assez : « *On dit avec raison qu'il n'y pas de colonisation possible sans* LE TRAVAIL A BON MARCHÉ... *L'absence complète* D'INDUSTRIE *et de* CAPITAUX, *la pénurie des premiers colons*, *la misère des indigènes*, *prescrivaient d'établir les impôts avec une extrême réserve.... La culture ne s'exécute qu'avec de* GRANDS CAPITAUX..... *Les* CAPITAUX *ne pouvaient s'aventurer dans un pays dont l'avenir était incertain; ils ne pouvaient s'appliquer à la grande culture, qui sans eux est* COMPLÈTEMENT IMPOSSIBLE, *quand l'espace n'était pas libre.... Cependant il fallait des* CAPITAUX, *sans eux pas de* TRAVAIL, *pas de* COLONISATION; *celle-ci s'étend ou se resserre avec eux.... Quel est le colon le plus utile? Celui qui a le plus* D'HABILETÉ *et de* CAPITAUX *à employer.* » Ainsi donc, c'est par de grands capitaux appliqués à de grandes cultures, que l'auteur veut que l'Algérie soit colonisée; il veut cette colonisation industrielle dont le cortège obligé se compose toujours de journaliers ne possédant pour vivre que leur travail, destinés à fournir le recrutement du paupérisme. Conséquent avec lui-même, l'auteur sent qu'il faut faire arriver des capitaux au pouvoir des personnes *habiles* qui seraient venues tenter fortune en Afrique. Pour cela quel moyen certain employer? — Il en est un: l'armée est là. Qu'elle soit très grande; qu'elle alterne, en outre, avec les régiments en France: condition augmentant encore le mouvement des échanges. Cette armée nombreuse, par ses consommations quotidiennes amènerait, comme elle l'a déjà fait, de grands capitaux dans les mains de ces personnes *habiles*, tandis que par ses travaux funéraires aux desséchements, aux routes, aux défrichements, elle continuerait à accumuler d'autres grands capitaux destinés à être jetés en partage à ces récents capitalistes, ou à de nouveaux arrivants.. *La culture*, dit l'auteur, *ne s'effectue qu'avec de grands capitaux... Il fallait donc créer les capitaux par des moyens extraordinaires; une armée nombreuse pouvait seule fournir ces moyens; elle sillonna le pays de routes*, *elle distribua les eaux par les canaux ; elle assainit les plaines, elle répandit le numéraire qui manquait au pays et qui pouvait alimenter le travail des négociants et des cultivateurs.... Supprimez ou diminuez l'armée uniquement comme consommateurs ou travailleurs, et vous n'avez qu'une colonisation lente, difficile, onéreuse. Or un écu gagné, un légume produit, concourent peu à peu au résultat général.... Donc si vous réduisez l'armée, il n'y a plus de colonisation possible.* Mais pour des cultures semblables, il faut une sécurité parfaite, il faut la soumission absolue des Arabes. Quel est en effet le journalier qui voudrait aller hasarder sa vie pour un simple salaire de sa journée ? Comment pour y stationner d'habitude à la manière de gens de la glèbe, une population condense et dévouée voudrait-elle se former sur ces campagnes exploitées par de grands capitalistes ? En outre, comme le fait observer lui-même l'auteur, la soumission des Arabes sera plus difficile à maintenir qu'à obtenir ; pour cette dernière raison, il demande donc la présence indéfinie d'une armée de quatre-vingt-mille hommes, augmentée encore de beaucoup d'annexes éventuelles, soit en nationaux, soit en indigènes soldés. — Ainsi le mécanisme serait celui-ci : la France enverrait en Algérie une immensité de soldats; ceux-ci auraient trois emplois distincts à remplir : combattre et faire de pénibles et fréquentes marches ; assainir, défricher, ouvrir les routes, pour le bénéfice de tous ceux qui voudraient arriver ; transmettre entre les mains de gens *habiles*, en retour de quelques objets à consommer sur place vendus excessivement cher, l'argent que la France leur aurait adressé sous le nom de solde, afin de créer des capitaux à ces marchands. — Mais qui garantit que ces derniers n'aimeront pas mieux faire fructifier leurs capitaux par le même commerce qui les leur a procurés, plutôt que d'aller les hasarder dans des spéculations de culture dangereuses et toujours peu productives; qui garantit qu'ils ne cèderont pas à cette tentation si rationnelle et surtout si naturelle aux Français de revenir jouir en France du produit de leur industrie. Qui ne voit combien ce mode sera lent, puisqu'en thèse générale, il faut attendre que la solde de l'armée ait formé des capitalistes et que quelques uns de ceux-ci se résolvent à jouer leurs gains dans la culture de terres aventurées. Que formera donc ce système? — Des négociants, quelques grands cultivateurs toujours sur le bord de l'abyme, un nombre considérable d'ouvriers, de journaliers, toujours incertains de leur pain quotidien, et une masse redoutable de pauvres, de mendiants, de malfaiteurs. En nous donnant son procédé pour former des capitaux au bénéfice de divers, l'auteur ne nous présente en dernière analyse que l'historique de ce qui a été fait, de ce qui arrive toujours dans une réunion nouvelle et accidentelle dans laquelle une haute prévision n'ayant rien deviné, rien réglé, chacun a été libre d'aller à l'aventure. Mais tout cela a été bien plutôt un malheur qu'un avantage pour la *colonie utile* qu'il fallait créer, et l'auteur le reconnaît implicitement lorsqu'il dit : *en admettant que l'on puisse donner le nom de* COLONS *à tous les Européens qui sont venus en Afrique et qui sont presque tous des* MARCHANDS *ou des* ARTISANS, etc. Enfin, malgré l'immensité de l'armée demandée, malgré sa diffusion, malgré ses courses continuelles et mortelles, l'auteur comprend et démontre que souvent des partis arabes pourront passer en arrière d'elle. Comme conséquence, il demande que tous les *colons soient formés en milices très militairement constituées. Il ne veut pas qu'elles sachent faire l'exercice à la prussienne et les grandes manœuvres de ligne. Mais elles doivent savoir plus que l'école de peloton*, AVOIR SURTOUT L'INTELLIGENCE DU COMBAT EN TIRAILLEURS, *être constamment animées d'une grande confiance guerrière, et se tenir prêtes non seulement pour l'intérieur, mais pour l'extérieur*, AFIN DE REPOUSSER LE DANGER DU DEHORS QUI SERA LONGTEMPS SUSPENDU SUR LA TÊTE DES POPULATIONS EUROPÉENNES. Puis, ajoute-t-il, *on voit que je ne suis pas exigeant*. En effet, l'auteur ne leur demande que de savoir se faire tuer proprement en ligne. Mais probablement de simples *journaliers* n'iront pas pour leur salaire quotidien accepter ce marché; les *grands propriétaires* de terres et de capitaux seraient des fous de jouer à ce jeu; cette alternative ne peut convenir qu'à des hommes rudes, rendus tout à coup propriétaires d'un petit terrain, du capital nécessaire, et qui, avant ce don, ne possédaient absolument rien; encore ne les trouvera-t-on que si des obstacles, militairement préparés autour de leurs habitations et de leurs cultures, les convainquent que les combats seront rares et toujours peu dangereux pour eux; or, ce n'est pas ce qu'une culture en plains champs, à découvert, présentant pour tout refuge un petit village éloigné, crénelé, assurera à un colon occupé les yeux fixés à terre à creuser son pénible sillon. — Et rien, en outre, ne garantit du dégât et de l'incendie nocturnes des récoltes!

Mais une circonstance est à bien constater. L'auteur après avoir déroulé ce plan sent tout à coup qu'il n'y a pas confiance. *Nous avons besoin de marcher vite*, dit-il, *la colonisation laissée ainsi à elle-même ne s'établirait qu'avec des siècles, et il ne nous est pas permis d'attendre*. Il veut alors placer en avantpostes comme colons propriétaires, des soldats comptant encore pour plusieurs années sous les drapeaux, et que l'on tirerait de toute l'armée française. Établis aux frais du gouvernement, on pourrait, au besoin, les distraire comme soldats, soit pour des actions en campagne, soit pour garnisons de divers postes. Ainsi ce serait une sorte d'armée permanente en Algérie, arrivant en supplément à l'armée de quatre-vingt mille hommes. Quant au système d'établissement, il paraît, comme pour les autres, devoir se composer d'un petit village crénelé, centre de cultures diffuses accessibles de plain pied à l'ennemi.

Avec un tel système de colonisation, présentant si peu de solidité par lui-même, on conçoit qu'il est rationnel de dire : *Il faut d'abord conquérir l'Algérie* EN ENTIER ; *la* PREMIÈRE *question à résoudre est la soumission des Arabes ; c'est à cette condition seulement que ceux-ci souffriront nos établissements successifs ; la colonisation soit civile, soit militaire, n'est qu'un moyen* SECONDAIRE *de consolider la conquête*. Mais alors, aussi, et seulement alors, on prend foi dans la prophétie de l'auteur qu'il a ainsi formulée : QUOI QU'ON FASSE *il s'écoulera bien des années avant que la colonisation ait jeté des racines assez profondes pour répondre à nos vues, à nos espérances d'avenir*. — Ainsi tout serait éventuel, excepté néanmoins l'immensité des dépenses de la France et des funérailles de ses soldats.

Les Romains, eux, avaient des maximes de guerre contraires. Lorsqu'ils voulaient soumettre un pays en partie vaincu, lorsqu'ils voulaient assurer sa soumission, ils y conduisaient des colonies romaines. — Celles-ci comment étaient-elles composées? — Tacite nous donne à ce sujet un précieux renseignement. Sous Néron on voulut envoyer des colonies repeupler Tarente et Antium. Mais dans ces temps corrompus par un profond égoïsme, ces dispositions restèrent sans résultat, et les individus inscrits, évitant le mariage pour n'avoir pas d'enfants à élever, se répandirent dans les villes voisines. Or, Tacite, si instruit des anciennes habitudes de la grande république, s'exprime ainsi : *non enim, ut olim, universæ legiones deducebantur, cum tribunis et centurionibus et sui cujusque ordinis militibus, ut consensu et caritate rempublicam efficerent; sed ignoti inter se, diversis manipulis, sine rectore, sine affectibus mutuis, quasi ex alio genere mortalium, repente in unum collecti, numerus magis quam colonia.* La traduction, avec nos termes militaires actuels, pourrait être celle-ci. « Car ce n'était plus comme jadis où l'on amenait des « brigades entières avec leurs colonels, leurs officiers, « leurs files toutes formées, pour cimenter par une ad- « hésion et une charité mutuelles, une société basée sur « une communauté et une réciprocité d'intérêts; mais in- « connus les uns aux autres, venant de compagnies di- « verses, n'ayant point de directeurs, insouciants des « liens d'une affection réciproque, apparaissant comme « des mortels d'une race tout étrange, fortuitement

« précipités sur un même point, ils formaient plutôt une « cohue qu'une colonie. » — A cela il convient d'ajouter que dans les beaux temps de Rome, tout citoyen était et soldat et marié. Ainsi ces *légionnaires-colons* emmenaient avec eux leurs femmes, leurs enfants et même leurs esclaves s'ils en possédaient. — Comment pourrait-on imiter cela ? — Nous l'avons déjà exposé : par une armée permanente en Algérie, attachée d'une manière permanente à des positions qu'elle possèderait et qu'elle cultiverait à son unique profit ; puis, en même temps, par des colonies de prolétaires (qu'on me pardonne ce nom), partant tout organisées de France avec leurs chefs, leurs sous-chefs, leurs quartiers, comme jadis celles de Rome avec leurs *triumvirs* et leurs *décemvirs*, destinées à venir cultiver de nouveaux cantons fortifiés, sous la protection géographique des premiers. L'état ferait pour ces cultivateurs, sans restriction, sans reprises fiscales, tous les frais de leur établissement ; mais l'état serait aidé par des revirements favorables du budget normal, par des associations patriotiques, par les élans de la charité chrétienne qui trouverait là une partie de la solution de ce problème si fortement tenté maintenant : *l'extinction du paupérisme.*

Dans une entreprise comme celle que la France poursuit ou est censée poursuivre en Algérie, est-ce le plan de colonisation qui doit être une chose secondaire, subordonnée aux inspirations de guerre ; ou bien est-ce le plan de guerre qui doit être subordonné à un plan préablement bien fixé de colonisation ? — Dans notre opinion, l'affirmative est pour la seconde des parties de ce dilemme. — Dans ce cas, jusqu'à présent, on aurait toujours placé la charrue en tête des bœufs. En Algérie, il ne faut pas faire de la gloire fugitive, fantasmagorique, et de vanité ; il faut faire de cette gloire qui suit au travers des siècles la création sage, économique et bien calculée de grands et nobles établissements.

Par le projet de l'auteur, si un concours complexe et improbable de circonstances se présentait, on ferait une certaine quantité de cultures ; mais on n'aurait fait que cela. Or, de la culture seule n'est pas de la consolidation ; elle est la proie du plus fort. Qu'arriverait-il d'elle si une forte guerre européenne contraignait la France à rappeler la majeure partie de ses soldats pour arracher le sol de la patrie aux étrangers ? — Et qu'on le note ! l'auteur ne refuse rien de ces objections ; en effet, il dit que notre position politique en Europe ne nous laisse pas de temps à perdre ; il dit que, dès que l'armée d'Afrique cessera d'être immense, la soumission des Arabes, qu'il *déclare obtenue*, cessera immédiatement ; il dit, enfin, qu'il faudra de bien longues années avant que son système ait amené des colons assez nombreux pour que leur présence permette de diminuer l'armée. — Où donc marcherait-on ainsi ?

La pensée dominante de l'auteur sur ce qu'il entend par le mot *colonisation* est religieusement exposée par tout ce qui précède : c'est *la culture du plus possible de terres au moyen de gens ayant de forts capitaux et pouvant payer des ouvriers journaliers*. Pourtant les paroles suivantes viennent tout à coup heurter tout ce qu'on a cru concevoir : « *Le nord de l'Afrique ne pouvait être colonisé comme l'avaient été la plupart des autres points du globe ; il n'était pas, comme les An-*

tilles, riche en produits spéciaux qui appellent les spéculateurs de tous les points du monde ; il n'offrait pas, comme les Indes, des produits manufacturés d'un éclat et d'une finesse inconnus ; il ne pouvait se peupler, comme l'Amérique, avec des émigrants nombreux emportant avec eux leur foi, leurs pénates et leurs capitaux. » — Or, non seulement les causes d'origine indiquées pour ces colonies sont loin d'être toutes exactes, mais encore il est impossible de qualifier du même nom *colonisation*, soit la substitution complète d'une population européenne à une ancienne population d'indigènes exterminée en entier, soit la domination tout intellectuelle des Anglais dans l'Inde; domination maintenue et démesurément étendue par de nombreux régiments d'indigènes, domination appuyée par quelques minces bataillons nationaux, domination fondée sur l'exclusion rigoureuse pour tout Anglais du droit d'acquérir ou de posséder aucun bien-fonds (sauf dans le comptoir même, comme CALCUTA, et dans la zône d'enceinte extrêmement rétrécie). La question depuis douze ans aurait bien avancé si l'on avait voulu s'entendre sur la signification à adopter pour le mot *colonisation* en Algérie. On eût alors posé des bases, et les opérations de guerre, au lieu d'être inventées à l'aventure, eussent été conclues des besoins réels de la colonisation rigoureusement arrêtée. — Quant à nous, nous définissons la colonisation en Algérie : ÉTABLISSEMENT *sur cette terre, aux frais de l'Etat s'il le faut, d'un très grand nombre de petits propriétaires de lots de terre cultivant par eux-mêmes;* INTERDICTION *absolue de toute grande propriété terrienne, dans le but d'augmenter autant que possible les habitants sur un même espace, de diminuer de toutes manières le nombre des ouvriers journaliers, et de prévenir le paupérisme* (1).

Deuxième observation. — *Commerce.* — Le commerce est vieux comme le monde. Il vient toujours se glisser où se trouve quelque chose à gagner. Il ne fait pas devant Dieu la prospérité d'un peuple, mais il fait celle d'une nation devant les hommes. Qui est en effet plus malheureux que le peuple anglais, dont un sixième ou même un quart de ses membres s'affaisse dans le paupérisme ; qui paraît plus riche, plus prospère que la nation anglaise? — Basé sur le fait de l'intermédiaire des richesses, il retient à son bénéfice une part des produits des deux parties, tandis que simultanément il est le banquier d'une grande roulette dont les manufacturiers sont les joueurs. Il fait ruiner l'ouvrier par le manufacturier, le petit manufacturier par le grand ; il se charge de ruiner le grand le plus possible. Si, suivant l'opinion d'un écrivain, l'esclavage eut sa cause dans la puissance absolue du père, il eut sa source première dans le commerce. Indispensable et moral à l'état pur de théorie, à l'état expérimental il reste indispensable, mais il devient trop souvent condamnable. Platon et Montesquieu, qui ne le regardaient point comme un véritable élément de force, demandaient des règles spéciales pour diminuer et diviser ses bénéfices. — Montesquieu ! cet homme religieux qui

(1) Cet énoncé laisse en dehors le principe de l'association qui préoccupe tant de penseurs ; c'est un problème social dont l'avenir a le secret. Toutefois, par mes colonies militaires, je donne un grand exemple d'associations domestiques, agricoles, industrielles. Cet exemple réagira nécessairement sur les colonies civiles.

repoussait la secte encyclopédique des voltairiens ; Platon ! qu'une école religieuse déclarait avoir été chrétien, avoir deviné la morale du Christ, comme si un homme pouvait prévenir la sagesse de Dieu. — Mais ces règles, quand on en a tenté, ont jusqu'à présent plutôt frappé sur le travailleur que sur le commerçant. Le commerce n'a jamais rien fondé, ou ce qu'il a fondé dans des conditions exceptionnelles toujours s'est trouvé fragile. Tyr s'est anéanti sous l'épée d'Alexandre, Palmyre sous le fer des Romains, Venise devant quelques bataillons français ; tout l'or amassé par le commerce de l'Angleterre n'eût pesé d'aucun poids dans la balance des évènements, si dès 1800 la Manche eût cessé d'enceindre cette terre d'un fossé infranchissable *alors* et qui ne l'est plus maintenant. Mais la France, toute harassée par vingt années de guerre, tout envahie qu'elle était par deux millions d'étrangers heureux de la voir accepter la paix qu'ils lui offraient, s'est relevée plus puissante qu'en aucun temps, parce que dans son sol réside sa richesse, et dans les bras de ses agriculteurs sa force. Elle a renouvelé le prodige d'Antée.

Par suite de ces vérités, généralement acceptées maintenant par les économistes chrétiens, le commerce ne pouvait rien pour la conquête coloniale de l'Algérie. On devait même craindre qu'il ne lui fût contraire en faisant naître de nouvelles difficultés. Par lui quelques personnes ont fait dans ce pays d'assez belles fortunes ; tant mieux pour elles. On n'a rien à leur dire puisqu'elles les ont obtenues pour prix de leur travail dans une carrière qu'on leur laissait ouverte. Il leur suffit simplement que leur conscience ne puisse jamais leur reprocher de n'avoir pas observé une proportion loyale entre leur salaire et leurs peines. Pour considérations semblables l'examen est entre elles et Dieu. Mais si ces quarante mille Européens actuellement en Algérie, n'y fussent venus que pour se livrer à la culture ; si groupés en un ou quelques centres agricoles vigoureusement organisés, bien placés, couverts par la protection des troupes, ils eussent opéré à la manière des colonies romaines ; l'occupation de l'Algérie ne serait-elle pas plus solide, ne serait-on pas plus avancé ? En outre, nombre de gens arrivés simplement dans le but de recevoir et de cultiver un petit héritage pour leurs enfants, n'eussent point abandonné cette résolution, tentés qu'ils le devinrent par le bénéfice toujours si fascinant du commerce. Certes on n'aurait eu ni vins de Bordeaux, ni vins de Champagne, ni pâtés de Strasbourg, ni fines étoffes, ni meubles somptueux, ni grandes maisons neuves à la française. L'eau de la source, le biscuit ou le pain de ménage, de grossières étoffes, du fer, de la poudre, eussent suffi. Cet état ne fut-il donc pas, pendant des années entières, celui des troupes jetées dans ces camps avancés où elles eurent, hiver et été, la terre pour lit, le ciel pour tente, la stricte ration pour unique nourriture ? La culture eût bientôt amélioré cette position. Ce qui était *indispensable* de tirer de France était choses rudes et peu diverses. La prévoyance du gouvernement eût pu y parer facilement en écartant l'industrie particulière; en se chargeant par l'intermédiaire d'une haute commission, de faire toujours approvisionner d'une série déterminée d'articles, certains magasins centraux. Recevant en abondance dans leur résidence le luxe de France, les chefs, sous-chefs, de tous les ordres, s'y trouvèrent assez bien, s'y complurent assez pour ne faire de la question réelle que la question secondaire. S'ils eussent été maintenus constamment par la France dans les privations et dans la misère, jour et nuit leurs pensées eussent été pour la véritable colonisation. Ils eussent demandé vigoureusement à la terre d'Afrique et ils eussent obtenu d'elle ce que la France ne voulait pas leur donner. Mais quiconque dépend de l'administration de l'état n'a besoin de rien exiger de la terre, car pour lui l'état enverra tout; et ceux qui sont en dehors de cette administration sont également en dehors de ce même besoin, car le commerce les fera vivre sur la solde des salariés. Comment ! On veut se substituer graduellement et par une marche progressive à un peuple dur, guerrier, vivant d'un peu de farine et de quelques tasses de lait, et l'on ne comprend pas que c'est à la condition d'avoir une vie aussi dure que la sienne ? La misère, le travail, la victoire, voilà quel doit être l'apanage des colons actuels; à leurs arrière-neveux reviendront la paresse, le luxe et les défaites. Le commerce a fait l'Alger actuel. — C'est vrai. — Rappelez tout à coup l'armée; ne laissez à cette ville que des fortifications, des canons, une simple garnison avec ses vivres pour deux ans; qu'arrivera-t-il? — Les Anglais n'y toucheront pas ; ils y perdraient leurs bataillons; mais la misère planera sur ses commerçants et presque tous abandonneront leurs comptoirs restés sans chalands et leurs neuves maisons restées sans valeur. Supposez au contraire ces quarante mille civils, sachant vivre de peu, aguerris, groupés dans les montagnes en forts centres coloniaux, faites relativement à la réduction de l'armée une hypothèse semblable ; la position en deviendra difficile ; mais elle résistera et l'adjonction successive de nouveaux colons lui suffira pour grandir. Certes le commerce a ses avantages et nous ne prétendons pas le proscrire partout et toujours. Mais dans une colonie à fonder par le fer, il doit arriver bien tard et non au commencement. Voilà pourquoi Platon et les anciens philosophes qui étaient plus rapprochés que nos grands états européens du moment et des exigences de la fondation de leurs peuples, le rejetaient si fortement. — Là, encore, on a placé la charrue en tête des bœufs.

Les Anglais mettent le commerce en première ligne ; aussi ne s'occupent-ils point de fonder des colonies. Ils établissent des comptoirs dans tout pays qui convient à cette destination, et ne permettent pas à la population de leurs nationaux d'en dépasser les enceintes. Ce qu'ils cherchent, ce sont d'immenses débouchés à leurs produits ; et ils y sont forcés. Leurs machines représentent le travail de deux cents millions d'ouvriers; par cela ils ont ruiné l'ancienne industrie de leurs cent millions de sujets indiens. Pour faire vivre ceux-ci, ils leur ont imposé une industrie nouvelle, celle de la culture des terres ; mais ils sont contraints de trouver où placer ces nouveaux produits sous peine de voir la faim, et sa fille la révolte, bouleverser tout l'Hindoustan. Dans ce but, de nombreux navires marchands, suivant partout le sillage de leurs vaisseaux de guerre, inondent l'empire chinois d'opium sous le feu de leurs canons ; dans ce but, ils vont partout poursuivant l'émancipation des esclaves nègres, car il leur faut détruire les colonies à sucre afin de fournir la terre entière du sucre qu'ils font cultiver, sur une échelle immense et toujours croissante, par leurs infortunés sujets indiens. — Mais en Algérie nous n'avons à poursuivre rien de semblable. Nous avons à fonder un nouveau royaume français, qui nous délivrera du paupérisme, et qui, s'il réussit, aura de bien plus imposants résultats de force, de fixité, de civilisation chrétienne, que ce brillant et éphémère commerce de l'Angleterre.

Les Romains aussi dans leurs conquêtes en Afrique virent le commerce les suivre. L'histoire nous fournit à ce sujet un document assez précieux.

Jugurtha venait de faire passer sous le joug une armée romaine. Metellus, nommé consul, fut envoyé pour venger cet affront. Il trouva l'armée dans un vaste camp où habitaient avec elle le luxe et les délices du confortable. Il fallait la punir et la ramener à l'abnégation militaire. Par son ordre commerçants, marchands, cuisiniers, esclaves, furent tous renvoyés au loin sur la côte, Le soldat dut faire son pain et sa cuisine lui-même, et ne manger rien autre chose que sa ration militaire, suivant les rudes prescriptions de l'antique discipline de la république. L'ayant tenue longtemps ainsi, au milieu des exercices les plus durs, Metellus mena cette armée contre l'ennemi. En trois ans les places les plus importantes furent en son pouvoir. Jugurtha, vaincu dans de grandes rencontres, consentant à se livrer lui-même, remit comme gage ses éléphants, ses armes, ses transfuges. Mais continuons cette histoire qui renferme d'autres enseignements. — Jugurtha, tout dépouillé qu'il était, reprenant courage, appelant tout à coup de nouvelles bandes, demanda aux chances du combat de le soustraire à la certitude de l'esclavage. Marius, légat dans cette armée, dévoré par une ambition immodérée et par une basse envie envers son général, résolut de tout tenter

pour le dépouiller de son commandement. Calomnier le consul et chercher à se créer des échos devinrent ses moyens. Se rappelant que Metellus avait écarté toutes les causes et tous les artisans de mollesse, se montrer beaucoup plus indulgent dans les lieux où il commandait lui parut favorable. Bientôt partirent d'Afrique, pour le peuple des comices, de nombreuses lettres en sa faveur. Les expressions de Salluste ne laissent aucun doute sur les auteurs de ces menées. *Apud negotiatores, quorum magna multitudo Uticæ erat, criminose simul, et magnifice de bello loqui; dimidia pars exercitus sibi permitteretur, paucis diebus Jugurtham in catenis habiturum... quæ omnia illis eo firmiora videbantur, quod diuturnitate belli res familiares corruperant; et animo cupienti nihil satis festinatur.* « Aux négo-
« ciants qui abondaient à Utique il parle criminellement
« et présomptueusement de la guerre; qu'on lui confie
« une *armée moitié moindre*, et dans peu de jours
« Jugurtha sera dans les fers.... Tous ces reproches
« leur paraissaient d'autant mieux fondés que la longueur
« de la guerre nuisait à leurs intérêts privés, et que,
« pour des gens avides rien ne se fait assez vite. Velleius Paterculus est encore plus positif : *Hic per publicanos, aliosque in Africa negociantes, criminatus Metelli lentitudinem;* « par l'entremise des débitants et autres
« commerçants d'Afrique, ayant incriminé Metellus de
« lenteur. » — On sait ce qui en résulta. Marius fut nommé consul, et, contrairement à toute justice, vint remplacer Metellus en Afrique. Il amena une armée *bien plus nombreuse* que celle de son prédécesseur, *plus nombreuse* que celle qui était décrétée. Il la leva, non

suivant les lois antiques, mais en grande partie parmi la populace qui avait toujours été exclue des armes : *non more majorum, neque ex classibus, sed uti cujusque lubido erat, capite censos plerosque.* Il guerroya longtemps jusqu'à ce qu'une infame trahison, ourdie par l'heureux Sylla, mit entre ses mains Jugurtha, et permit de terminer la guerre par un traité de paix avec un roi nouveau. Par ce recrutement illégal, Marius préparait ses projets funèbres contre les lois de son pays. Quant aux commerçants, ils eurent peu à être satisfaits de lui, car il fut encore plus intraitable que Metellus.

Ces deux noms de Marius et Sylla ramènent à une phrase du mémoire que nous annotons. « *Si vous trouvez dans les administrateurs de France l'homme qui convient à la chose générale d'Afrique, hâtez-vous de le prendre!!! Mais qu'il ait au moins une partie des qualités de Marius et de Sylla.* » — Quelle est donc chez ces deux hommes la qualité dont on puisse envier l'emploi? — Certes nous mettons une grande différence entre eux. Sylla, d'une haute naissance, sixième descendant de ce Cornelius Rufinus qui s'était illustré dans les guerres contre Pyrrhus, nourri dans l'étude des lettres, possédant cette éloquence douce, polie, fruit constant d'une éducation distinguée, doté d'une bravoure froide et admirable, était habile dans la guerre, parce qu'il avait voulu le devenir. Marius venant des Romains de la glèbe, vassal et justiciable de la maison Herennia, étranger à toutes études, n'ayant rien pratiqué que la guerre, proclamant sans cesse et sans pudeur sa prétendue supériorité sur le reste de la nation, débordait de cette éloquence vaniteuse et des rues dont le seul triomphe possible est de déchainer la multitude ignorante contre les portions hautes et éclairées de la société. Citoyen d'une nation où les bons généraux étaient si faciles à trouver, il fut bon général aussi ; il le dut à cette dureté de caractère et de corps qui le distinguait ; car, chez les Romains, pour lesquels les batailles se résolvaient par une immensité de combats individuels, le grand remède à toutes les défaites était de rétablir, impitoyablement, cette ancienne discipline qui transformait leurs soldats en autant d'êtres féroces enivrés de la passion de faire couler du sang de quelque flanc qu'il dût sortir, qu'il dût sortir du flanc de leurs ennemis ou du flanc de leurs compagnons condamnés. — Rome résume dans son histoire le *summum* de ce qu'on peut obtenir des hommes en organisant la férocité en principe, comme les temps récents et futurs montreront vers quel infini l'on peut marcher, en prenant la charité chrétienne pour guide.—Ainsi différaient Marius et Sylla. Mais ce qui égalise ces deux hommes, c'est le mépris absolu qu'ils éprouvaient pour tous les hommes. Ils ne les regardaient propres qu'à une seule destination : celle de fournir des cadavres, des prétoriens et des bourreaux. Telle fut leur pensée dominante; tel fut le principe unique de toutes leurs actions.—Quelle chose pourrait, chez eux, mériter le nom de *qualité ?*—Des historiens les ont posés comme de grandioses figures, à l'admiration des peuples. Serait-ce donc que le sang versé est l'appas le plus fascinant pour l'hallucination des écrivains ; et la Convention, de funèbre mémoire, ne devrait-elle tant de brillants panégyriques, qu'aux torrents de sang français dans lesquels elle s'est noyée ?—Les Sylla et les Marius ne sont pas plus possibles maintenant chez nous que les

Robespierre et les Danton. Il n'y eut rien en eux qui puisse, chez nous, être accepté comme une qualité. Nous ne savons plus glorifier des hommes qui remplacèrent par la cruauté le génie qui leur manquait. L'auteur, par nombre de précédents de sa vie, a prouvé que lui aussi ne tolèrerait volontairement l'apparition ni des uns ni des autres. La précipitation qu'il a malheureusement mise dans trop de parties de son mémoire, ne lui a pas permis de rassembler assez ses souvenirs historiques. Sans doute aucun, ce sont les noms de Camille et de Cincinnatus qu'il eût invoqués pour peindre par deux seuls noms ce qui faisait sa pensée tout entière.—L'excuse de cette longue digression sera suffisamment trouvée dans ce désir de faire savoir aux étrangers, que Marius et Sylla ne sont en rien les modèles qu'aucun général français veuille se donner.

Le commerce n'a point porté et ne portera pas à la colonisation agricole et vigoureuse. Il ne crée pas de capitaux, il s'en approprie; il enlève ainsi à la culture une partie de ceux qu'on lui aurait appliqués. Il enlève à la culture un capital bien plus regrettable encore, une grande quantité de bras qui s'y fussent livrés. Il donne pour des journées d'un travail peu fatigant des salaires bien plus considérables que ceux que donnerait la terre. Il favorise le luxe, la dissipation, la passion d'un gain démesuré, les comparaisons désolantes; il produit ainsi le regret, la versatilité, l'abatardissement et le paupérisme dans toutes les classes inférieures. Une colonisation agricole comme serait celle capable de vaincre l'atmosphère délétère, le climat, la terre et les populations de l'Algérie, doit avoir pour auxiliaires une haute tempérance, une grande dureté de corps et une profonde abnégation. On trouvera bien des hommes capables de ces qualités; mais pour qu'ils les conservent vives, il faut éloigner d'eux toute tentation. C'est la parole de la prière : *Gardez-nous de la tentation.*

L'auteur, dans son mémoire, fait, par des passages fréquents, un tableau brillant du luxe des commerçants en Algérie, des capitaux qu'ils ont accumulés entre leurs mains, des quelques minimes sommes que leurs transactions mutuelles produisent au fisc ; puis ensuite il en tire conséquences. *Ces intérêts privés engagés en Afrique annoncent*, dit-il, *un commencement sérieux de* COLONISATION..... *Ces quarante mille Européens sont prêts à entreprendre la conquête* COMMERCIALE *du pays. Cette foule de propriétés bâties, ces établissements industriels, ces entreprises* COMMERCIALES *qui vont au loin* (expression hyperbolique et anticipée), *chez les Arabes, vendre nos produits et chercher des denrées pour la consommation et l'exportation*, *ces capitaux déjà nombreux, forment aujourd'hui un élément nouveau de* COLONISATION. — Ces conséquences nous ne pouvons les admettre; tout cela a retardé la colonisation et est destiné à la retarder et à l'ajourner encore indéfiniment. — Or, ce qu'il faut bien remarquer, c'est que dans d'autres moments l'auteur conclut comme nous. *Il est douteux*, dit-il, *qu'on puisse donner le nom de colons à ces quarante mille marchands ou artisans..... C'est à cause de l'armée que toutes ces ressources ont eu lieu, le revenu actuel est du à cette cause accidentelle; l'armée se retirant, les travaux, les industries, les produits, tomberaient par le seul fait de son absence, et sans tenir compte de la protection qu'elle donne..... notre situation politique en Europe nous commande d'aller vite dans notre colonisation. Or, la colonisation ainsi laissée à elle-même ne s'établirait qu'avec des siècles; il ne nous est pas permis de l'attendre, faisons-la nous-mêmes* (militaires), *ce sera plus sûr.*

La grande cause qui domine cette question est celle-ci : les capitaux, les belles maisons, le luxe, le confortable, quelque grand que soit leur ensemble, ne se défendent jamais par eux-mêmes; ils n'ont aucune résistance propre; ils sont le butin du vainqueur. Ils ont constamment besoin d'une force étrangère pour les garantir. Au contraire, des colons cultivateurs vigoureux, serrés les uns contre les autres, groupés militairement dans de bonnes positions, trouvent la force en eux-mêmes. Chaque compagnon de plus qu'ils reçoivent augmente leur puissance de résistance et d'invasion. Ils marchent quotidiennement vers le moment où une armée fournie par la métropole sera inutile. — Si les gouverneurs, au lieu de résider dans de beaux et bons palais à Alger, eussent été toujours bivouaqués dans les montagnes, privés de tout, ne pouvant espérer de douceurs que du travail même de leur terre, il y a longtemps que la colonisation serait devenue solide en Afrique. Ils n'étaient que de rudes chefs d'aventuriers, sans métropole pour les soutenir, ces hommes immortels, qui malgré une population opposante, fondèrent tant de colonies en Grèce. Si quarante bataillons de colons, organisés en France, eussent été envoyés en dix colonies, sous dix chefs indépendants les uns des autres, colons comme eux; s'ils eussent été placés sur dix points salubres et convenablement espacés ; on aurait depuis longtemps de bien autres résultats. Pour le succès de nos colonies des Antilles, la fortune de la France voulut qu'on ne songeât à leur envoyer de gouverneurs et d'organisateurs, que lorsque de rudes corsaires français de ces mers y avaient déjà achevé la véritable œuvre de la colonisation par la culture et par la solidité de résistance contre les attaques des Caraïbes.

Enfin une remarque encore. L'auteur dit : « *C'est l'alcool qui a vaincu les Indiens ; c'est le commerce qui soumettra les Arabes ; la force peut les vaincre, mais elle devra longtemps les dominer. Le commerce seul pourra nous les attacher.* Non ; ce sont les *idées* qui seules peuvent nous amener les populations ; qui seules peuvent nous les attacher ; car ce sont des *idées* qui nous résistent, qui prêchent la guerre sainte et la guerre nationale. En Europe les armées permanentes et salariées s'en vont ; c'est devant les idées qu'elles s'éclipsent, elles et la guerre dont elles étaient filles. En Afrique, l'abus de la guerre s'est trop opposé à tout ce qui pouvait tendre à la propagation des idées, et quant au commerce, sa civilisation matérialisante ne peut rien laisser apercevoir de rapide. — De forts centres de colonisation dans divers points ; peu de courses militaires ; de la diplomatie non à la manière des Turcs pour semer la division entre les tribus, mais à la manière des amis de la civilisation pour consolider la paix entre elles ; un grand et intelligent réseau de moyens d'instruction incessamment étendu sur ces populations ; tel est, suivant nous, le moyen le plus infaillible, le moins coûteux pour obtenir des résultats avantageux, et dont pourtant la nation n'ait pas à rougir dans les siècles futurs. Tel est celui que nous nous étions efforcé de développer dans notre *solution de la question de l'Algérie.*

TROISIÈME OBSERVATION. — *Capitaux*, *économie sociale.* — La production d'un capital, ou l'accumulation d'un capital dans certaines mains, sont loin d'être deux choses identiques pour la fortune générale d'une nation. La première constitue toujours un accroissement de richesse pour cette nation; la seconde n'est que la concentration, en un seul, de plusieurs capitaux partiels déplacés, et souvent elle peut être l'attestation de malheurs individuels déplorables. Ainsi, l'homme qui vient de gagner de fortes sommes au jeu s'est procuré de fait un capital; mais la richesse générale de la société ne s'est en rien accrue, et quelques uns des perdants sont peut-être tombés dans une misère absolue. — Cette différentiation était nécessaire pour rétablir, dans sa juste valeur, un avantage prétendu dont le mémoire tire appui et sur lequel il fait pivoter une longue série de conséquences destinées, toutes, à prouver que l'Afrique est déjà devenue pour la France une nouvelle mine de richesses et une source de revenus. Pour point de départ, l'auteur prend ce fait : *que le payeur devant dans l'année* 1841 *solder pour tous les services une somme totale de* 62 *millions, s'est acquitté en partie au moyen de* 44 *millions que le commerce de l'Algérie lui a versés en échange de traites sur France.* Regardant alors ce capital accumulé en Afrique à peu près comme un gain pour la métropole qui n'a plus à envoyer ce numéraire dans ce pays, il présente, comme conclusion, ces autres avantages : *que l'Etat n'a plus à fournir directement les approvision-*

nements de son armée, et qu'il pourra repomper une partie de cet argent par des droits fiscaux de toute nature. — Or que prouve, pour l'Algérie en elle-même, cette accumulation de capitaux entre les mains des commerçants ? — Rien. — Car supposez que dans *un lieu désert de France*, entre Toulon et Cannes par exemple, on ait depuis douze années concentré les mêmes troupes, les mêmes moyens, les mêmes causes de pertes d'hommes et d'objets qu'en Algérie, le même dénûment des choses usuelles, que serait-il arrivé ? Identiquement le même résultat. Des commerçants seraient accourus pour être les intermédiaires entre l'armée et les magasins des grandes cités de France ; ils auraient fait les mêmes bénéfices, accumulé les mêmes capitaux et probablement bâti quelque ville dans les environs, s'ils avaient cru que ce rassemblement dût avoir une très longue durée. Soit sur la terre Algérienne, soit sur le *désert en France*, la nation aurait chaque année donné exactement la même portion de son budget, sans que le capital accumulé chez les commissionnaires eût diminué de la plus minime partie cette somme à fournir. Même sur *ce désert en France*, il y aurait eu divers avantages généraux parmi lesquels on peut remarquer ceux-ci : l'armée, pouvant être approvisionnée à meilleur marché, aurait plus consommé pour son même argent ; le commerce étranger ne serait pas entré en concurrence avec le commerce national pour approvisionner cette armée, tandis qu'en Algérie, il y a participé pour plus de la moitié ; les maisons et autres établissements créés par suite de ce rassemblement, étant sur le sol français, fussent toujours restés à la France, quand même il eût convenu à celle-ci de disloquer cette armée, tandis qu'en Algérie, il faut toujours maintenir l'occupation ou tout perdre. Il est donc impossible d'accepter la conclusion que l'Algérie doive revendiquer comme qualité précieuse, *à elle inhérente*, cette accumulation quotidienne dans les mains de quelques uns, d'une forte partie du budget annuel payé par la France. Mais ce que l'Algérie peut revendiquer comme provenant d'elle, c'est d'avoir jeté la France dans l'alternative forcée de se résigner à sacrifier ces sommes accumulées et à anéantir le fruit du labeur de quelques uns, ou d'accepter à prix d'hommes et d'argent le maintien d'une rude entreprise dont les chances futures sont enveloppées d'épaisses ténèbres. Aussi tout ce commerce, toutes ces constructions, venant ainsi en premier lieu, ont constitué une grande imprudence nationale. Il fallait les prohiber; il fallait tâter la question en s'appliquant de tout cœur à une vigoureuse colonisation agricole; alors on eût été certain d'avoir toujours, soit un profit, soit une moindre perte suivant que la solution eût été affirmative ou négative. En outre, cette marche eût donné d'immenses faits à l'appui pour forcer l'affirmative à devenir, chez tous, la réponse à la question. Le gouverneur actuel à son arrivée en 1841, disait publiquement *que l'Algérie était un lourd boulet attaché au pied de la France?* — Ce boulet, de quoi est-il principalement formé? — De ce commerce, de toutes ces constructions, de ces capitaux échappés du budget de la France, fourvoyés et égarés, et aussi de cette idée qu'on présente comme en étant la conséquence obligée, de dominer toute l'Algérie. Mais le moyen de ne pas traîner ce boulet, et même de se créer en son lieu et place une arme offensive et défensive, avait été de tout jeter dans une colonisation agricole militaire ou militarisée, en proscrivant le commerce d'une part et les cultivateurs grands propriétaires de l'autre.

La théorie des capitaux, de leur formation, de leur influence, de l'usage à en faire, est une des plus délicates de l'économie sociale. Son application dans les divers cas particuliers demande une étude complète et exacte de toutes les circonstances environnantes. En Algérie, elle est compliquée de cette condition : que l'usage des capitaux est chose qui doit comporter de grandes restrictions sous peine d'être nuisible et même mortelle pour la colonie même.

Ce numéraire resté en Algérie n'est pas un produit pour l'Etat ; car si celui-ci n'a pas envoyé de métal, il a envoyé en place du papier qui le représente. — Chose semblable se passe entre le trésor public et les receveurs généraux, entre Paris et les départements. — Mais il indique que le commerce pour alimenter l'armée et la population se fait *en partie* avec la France. Dans ce *désert de la plage de Cannes* pris pour hypothèse, ce commerce se fût fait *en totalité* avec cette même France.

Dans cette même hypothèse de *la plage déserte de France*, tous les objets de consommation seraient arrivés sans payer aucuns droits de douanes ; pourquoi ses consommateurs, si tout à coup on faisait voguer leur terrain de station jusqu'en pleine mer, devraient-ils payer un impôt de plus ? est-ce parce qu'ils seraient devenus plus malheureux ? Les droits de douane sur tout ce qui vient de France sont actuellement injustifiables. On peut entreprendre, tout au plus, de soutenir ceux mis sur les provenances étrangères. Mais en réalité ils ne sont que les enfants d'un égoïsme national inhumain envers les habitants de l'Algérie. Les économistes attaquent vivement les douanes, en prêchant la maxime *laissez faire, laissez passer*. Certes, si quelque part ils devaient avoir gain de cause pour le principe « *laissez passer* », c'était en Algérie. On ne peut donc admettre que la France ait là une source louable de revenus. Tous ces droits de douanes réunis à divers autres qui tiennent du même esprit, comme octrois, droits sanitaires, etc., forment en tout pour l'année 1841, 2 millions et demi. —Est-ce là pour la France un revenu, surtout un revenu moralement en rapport avec le sort des troupes en Afrique ? — Et que resterait-il si on défalquait ce qu'il faut pour émoluments, indemnités, vivres, logements, dus à l'armée d'employés nécessités par cette prétendue source de richesse.

L'Enregistrement, dès que ses droits dépassent les frais strictement nécessaires pour affirmer la légalité d'une transaction, n'est plus qu'une opération fiscale malheureuse au point de vue économique. Ses tarifs actuels le placent dans cette funeste position. Ses produits pour l'Etat ne sont donc ni une recette bien entendue, ni toujours l'indication de faits avantageux. — Ainsi, pour l'année 1841, les cinq neuvièmes de ses produits sont dus à des mutations de propriétés. — Quelle conclusion en tirer ? —Qu'il n'y a pas stabilité en Algérie, et qu'en outre on joue sur les propriétés comme à Paris l'on joue sur les actions à la Bourse. En effet, on voit de 1840 à 1841 l'hectare de terre passer de 90 centimes à 2 francs 40 c. —Jusqu'à ce qu'il soit à 2,000 francs comme l'hectare de terre nue en France, les joueurs auront de la marge. Pour écarter cette conclusion, l'auteur fait remarquer qu'il y a eu dans ces mutations pour près de 3,000,000 payés en capitaux non en rentes. Mais cette remarque n'est pas suffisante. Les mutations générales ont porté tant sur des propriétés urbaines que sur des propriétés rurales. Or, 3,000,000 ne représentent que trente maisons de 100,000 francs chacune, prix peu élevé puisque l'hôtel Latour-du-Pin a coûté plus de 500,000 francs à construire. Il ne serait donc pas étonnant que des décès, de mauvaises affaires, des capitaux d'hypothèques à solder, eussent contraint à une trentaine d'opérations demandant du numéraire. Or, des 31 millions empruntés par hypothèques, il n'en a encore été effacé que dix ; on conçoit donc tout ce qui peut s'être présenté. Pour effacer les 21 millions restants les *constructeurs-propriétaires* comptent sur les produits et de leur industrie particulière et de leurs locations. Qu'arriverait-il pour eux et pour leurs créanciers, si tout à coup on réduisait le corps d'occupation actuel de quatre-vingt mille hommes à vingt-neuf mille comme sous le maréchal Clauzel, ou même, à quarante mille comme sous le général de Damrémont ? — Quand on voit combien de personnes importantes poussèrent jadis de plus en plus le gouvernement dans des routes incroyables, on serait tenté d'en chercher la raison cachée dans des hauts placements d'argent. Mais la cause de tout ce désordre fut l'indécision sur le système à suivre dans laquelle se tint le gouvernement ; quant à cette indécision elle fut le résultat forcé d'une foule de discours de tribunes prononcés et accueillis alors, et à l'existence desquels on ne croit que parce que le *Moniteur* les conserve. Dans cent ans, lorsque nos petits enfants, ayant vu se terminer enfin cette question algérienne et pouvant après coups juger les opérations passées, iront compulser ces longues colonnes séculaires, il est bien à craindre qu'ils ne s'écrient avec le respect filial actuel : « Que nos « grands-papas étaient bons! »

Les principes d'une économie sociale tant soit peu rigoureuse peuvent-ils admettre la qualification : « *éléments de la richesse publique*, » donnée par l'auteur à des revenus d'une telle nature ? Peuvent-ils l'admettre pour une exportation de 1,270,192 francs relative à des peaux brutes et à des cornes de bétail, lorsque ce bétail, presque en totalité venu de France, a servi à la nourriture de l'armée ? — Probablement non. Les éléments de la richesse publique d'une colonie si coûteuse en hommes et en argent, doivent être toute autre chose que des petits empiètements fiscaux de ce genre.

La masse de ces revenus s'est élevée pour 1841 à la somme de six millions. C'est trop peu pour que la France puisse l'admettre comme indemnité. L'auteur prétend que ce revenu grandira rapidement, et pour le démontrer il s'appuie sur ce qu'il surpasse celui de 1840, lequel surpassait celui de 1839, et ainsi de suite. Mais cet accroissement vient tout simplement de ce que l'armée, et par contrecoup la population civile, ont été accrues en même temps. Si l'on regarde le tableau donné *page* 57 *du mémoire*, on verra le produit des impôts suivre à peu près la même progression croissante que l'armée et la population civile. Donc, pour peu que la France continuât à presser sa marche dans ce sens, ce serait une augmentation de revenu qui la mènerait tout directement à la banqueroute. En outre, ce revenu avait grandi parce que, pendant les trois dernières années, le blé et la viande avaient du être demandés à l'Europe. Mais maintenant, si les transactions avec les Arabes se continuent, une diminution en résultera pour lui et pour le mouvement maritime, car ces denrées avaient fait l'objet de la majeure partie des chargements. Par ces mêmes transactions le numéraire s'en ira chez les Arabes, puisque d'ici à très longtemps ce sera ce métal bien plutôt que des marchandises qu'ils prendront en échange. Le trésorier général, alors, sera forcé d'en demander plus à la France puisqu'on demandera à celle-ci moins de ses produits ; car il faut toujours qu'elle solde son budget africain soit en écus, soit en marchandises. On essayera de s'en consoler par l'adage, *l'argent est marchandise* aussi ; mais les économistes commencent à regarder cet adage, qui a fait principe, comme assez hasardé. — De tout ce revenu la portion la plus incontestable est celle provenant de la vente de quelques troupeaux pris à l'ennemi, et de l'économie résultant de tous les *chevaux de soumission* donnés par les tribus et probablement versés à la remonte de la cavalerie.

Il parait donc difficile de conclure quelque chose de brillant de ces capitaux en maçonnerie, de ces millions d'hypothèques et de ces centimes de revenus. Parmi ceux-ci on s'étonne de voir figurer, comme avantage, 2,066,634 fr. 54 c. provenant de la *vente d'effets militaires et d'administration dégradés ou perdus ;* car ils ne représentent que le reliquat de grandes pertes subies par l'État ; on s'étonne d'y voir, au même titre, 214,665 f. produit annuel de ce domaine des corporations fondé jadis pour être le pain des pauvres, et qui laisse à la charge de l'administration tous ces infortunés que celle-ci tente inutilement de soustraire aux angoisses de la faim et de la plus déplorable misère, malgré tout le zèle et la charité religieuse qu'elle y déploie. — Si l'héritage de la *masse individuelle* de tout soldat mort que l'Etat s'est adjugé depuis longtemps, était perçu par opérations directes du trésor au lieu de l'être par l'intermédiaire des régiments, on aurait donc vu aussi cette grande mortalité de nos troupes figurer parmi les causes des revenus qui vont faire prospérer la France? — Voila à quoi l'on arrive en se hâtant trop. — Enfin, un dernier chiffre peut servir à se créer une image de ce que doit être ce mouvement des capitaux. Il existe 4,013 patentés, non compris, dit-on, tous ceux qui échappent au contrôle, sur une population de cent sept mille Européens dont soixante-douze mille militaires; c'est *un patenté* sur *vingt-six ames*, ou même *un patenté* sur *neuf civils*. Est-ce bien là réellement une formation et une répartition de richesses comme les comprennent les économistes?

Les Anglais ont enlevé, pour l'accaparer au bénéfice de leurs manufactures nationales, l'industrie pratiquée naguère par leurs sujets hindous, mais en laissant à ceux-ci tout leur ancien besoin d'en consommer les produits. Ce sont cent millions de sujets qu'ils ont ainsi à approvisionner par eux seuls. — Voilà réellement un marché! — Pour placer les nouveaux produits dont ils ont imposé la confection à ces mêmes hindous, ils forcent à coups de canon les immenses populations chinoises à acheter leurs immenses cargaisons en attendant la ratification poursuivie d'une servitude commerciale. — Voilà encore réellement un marché ! — Mais en Afrique quel marché, méritant vraiment ce nom, les Arabes pauvres et rudes peuvent-ils nous offrir d'ici à des siècles ? Ce n'est donc pas vers ce but éphémère qu'il faut porter nos efforts. Il faut tenter, par une vigoureuse colonisation agricole, de créer un remède à notre paupérisme.

Les économistes ont depuis longtemps signalé, pour le profit des entreprises nouvelles, l'erreur de ces spéculateurs qui, voulant fonder une exploitation, commencent par construire des usines avec un luxe complet de solidité et de précautions. Ces gens neutralisent ainsi une immense partie de leurs fonds, puis ne s'en trouvant plus assez pour parer aux difficultés inévitables qui accompagnent les premières années d'une exploitation récente, ils font faillite. Les spéculateurs plus prévoyants ne font, en commençant, que de simples hangards, que de légers et indispensables établissements. Ils se trouvent alors, par leurs capitaux disponibles, en état de tenir tête aux orages, et lorsque leurs bénéfices sont grands et accomplis, ils peuvent se livrer au plaisir des belles constructions. Ces erreurs, ce sont les mêmes que nous avons commises en Algérie. La première chose qui était à tenter sur cette terre, c'était coloniser pour vivre, pour résister, pour envahir ; cela demandait des hommes au cœur altier, aux mains calleuses, se vouant pour ainsi dire à la pauvreté, et ne fuyant que la misère et que l'aumône. Or, ces travaux et ces privations ne pouvaient séduire des individualités dont les rêves ne seraient que pour leur fortune spéciale, fortune dont l'espoir repose, soit sur des spéculations, soit sur des faveurs. Donc là, l'application du principe « *laissez faire* » était une faute; il fallait tout ordonner.

Est-ce à dire que maintenant il faut expulser ou s'efforcer de ruiner les hommes de commerce qui se sont établis en Algérie? — Non; ce serait corriger une faute par une violente injustice. — Mais il faut rester dans les règles de conduite dont on ne se départ envers qui que ce soit en France. Or, quelles sont ces règles? — Saint-Etienne a grandi tout à coup d'une manière colossale, par suite d'une industrie qui s'y est perfectionnée. Supposez qu'une autre industrie s'élevant tout à coup sur un autre point du sol Français, ruine en entier la prospérité de cette ville, et transforme ses ateliers en solitude, ses rues en longs déserts. Que ferait la France pour Saint-Étienne? Rien, ainsi qu'elle en a agi pour Valenciennes et pour tant d'autres cités jadis si florissantes. Le maintien de la prospérité accidentelle des commerçants de l'Algérie, ne saurait donc être donné, en justice ordinaire, pour raison suffisante du maintien d'une armée immense. L'industrie nouvelle à créer, c'est celle de la culture appliquée à l'extinction du paupérisme et à la consolidation progressive de notre domination. Les besoins nécessaires pour obtenir ce résultat, sont donc les seuls éléments qui doivent entrer dans le calcul qui fixera le chiffre de l'armée. Or, ceux-ci bien entendus permettront, toujours, de s'en tenir à une armée très inférieure numériquement à celle demandée par l'auteur du mémoire que nous étudions.

Quatrième observation. — *Droits imprescriptibles d'une armée française actuelle.* — A une époque, encore trop rapprochée de nous si l'on réfléchit aux circonstances actuelles, les armées en France n'étaient recrutées que par des enrolements volontaires, presque toujours souscrits à prix d'argent, et obtenus dans le tiers-état. Le temps de service était illimité ; le soldat était en partie la propriété de son capitaine, et la mort était la peine qu'encourait le déserteur. Alors le soldat était regardé comme un être contre lequel on pouvait tout oser, et personne n'eut la pensée d'imposer silence à Voltaire, lorsque dans son éloge des officiers morts à Fontenoy il représenta, pour se créer de brillantes antithèses, les soldats comme le rebut de la nation. La République et l'Empire vinrent détruire et ce mode de recrutement dangereux et ces idées inconvenantes. S'ils abusèrent du soldat, ce fut pour le faire tuer sur les champs de bataille, mais partout ils le relevèrent moralement en faisant respecter ses droits ineffaçables de citoyen français. La Restauration amena un système nouveau; elle posa ce principe général, qui est encore la base de notre pacte social actuel, que chacun contribue aux besoins de l'Etat par des dons en argent proportionnels à sa fortune privée ; elle confirma de nouveau l'abolition de toute corvée, de toute surcharge spéciale pour qui que ce fût, l'impôt proportionnel étant le seul moyen qui dût faire face à tout. Elle mit le sceau de confirmation générale à ce principe, en ordonnant que tout Français en état de subsister sans vendre quotidiennement le travail de ses bras, serait, de vingt ans à soixante, inscrit dans la garde nationale. Tels furent les obligations et aussi les droits de tous. Parmi les besoins de l'Etat, un particulièrement fut reconnu indispensable : ce fut celui d'une armée permanente qui conservât la science de la guerre, et qui fût plus spécialement destinée à repousser l'ennemi. La conséquence du pacte général régissant la nation était, nécessairement, que chaque citoyen aurait à payer un impôt suffisant pour que l'on pût, à prix d'argent, recruter une armée par enrolements volontaires. Mais l'expérience des temps passés fut là pour montrer que cette armée soudoyée serait généralement en dessous de sa mission militaire, et que bien souvent elle pourrait devenir un danger pour les libertés publiques. Convaincus que l'argent ne pourrait, en aucune manière, parer à ce besoin impérieux d'une armée permanente et dévouée à la defense de la patrie, on résolut de recourir au sort, annuellement, parmi les citoyens. Mais parallèlement à cette résolution, et comme son origine absolue, se maintint le principe constitutif, que tout ce qui serait susceptible d'être obtenu pour de l'argent, serait constamment, et sans exception aucune, exécuté au moyen de l'impôt. Cette armée, ainsi recrutée par le sort, peut-elle être constitutionnellement contrainte à exécuter autre chose que ce qui compose l'action complète de guerre contre les ennemis du pays? Non; car matériel, travail, science, talent, on peut tout obtenir, et tout s'obtient pour de l'argent. Il n'y a que la loyauté, le dévouement, l'abnégation personnelle pour la défense de son pays, qui échappent au pouvoir des tarifs des entrepreneurs.

Bien des personnes ont souvent proposé qu'en temps de paix, dans l'intérieur, l'armée fût employée à l'exécution des travaux publics. Constitutionnellement cette proposition est une erreur, une injustice, une violation des droits individuels des Français. Il n'y aurait rien à répondre à un soldat qui dirait : « Cette route, ce canal, « sont utiles, indispensables? — Soit ! — Qu'on les vote « dans le budget ; par les impots ainsi grossis j'en paye- « rai ma part sur mes revenus ; j'en payerai une seconde « plus forte encore par les consommations que je ferai, « car l'élévation de l'impôt se répercute toujours sur le « prix des marchandises. Mais me contraindre à y parti- « ciper en outre par *la corvée personnelle*, ce n'est pas « possible. Quand, tous, nous avons tiré au sort, c'é- « tait dans le but unique d'obtenir un résultat que l'ar- « gent était impuissant à amener. Mais tirer au sort « pour chose qui ne rentrerait pas complètement dans « cette classification eût été une folie ; toute loi qui eût « tenté de le prescrire eût constitué un non-sens, en « présence d'une CHARTE qui pose en principe que tous « les Français sont égaux, et que tous concourent égale- « ment à satisfaire aux besoins de l'Etat par un impôt en « argent proportionnel à leur fortune. Faites-moi travail- « ler pour apprendre à manier mes armes, à faire un ga- « bion, une tranchée, un retranchement de campagne, « vous êtes dans la raison, car je dois pouvoir satisfaire « à certaines éventualités de la guerre. Mais apprendre, « cela est l'affaire de peu de temps, et vouloir assimiler « ces travaux d'école au piochage ou au roulage de mil- « lions de mètres cubes de terre, sur une grande route, « pendant toute ma vie militaire, constituerait une ar- « gutie des plus misérables. Pourtant si l'ordre de faire « m'est donné, je commencerai par obéir, car cette obéis- « sance immédiate est encore l'un des principes consti- « tutifs proclamés, mais sous la restriction simultanément « proclamée aussi du recours devant la loi. Je me pour-

« voirai devant elle. » — Sans aucun doute, les trois pouvoirs de l'Etat ne promulgueraient jamais une loi, jusqu'à ce jour ignorée, qui imposerait ***la servitude de la glèbe et la corvée*** aux armées actuelles. Ils reculeraient, à moins qu'ils ne fussent aveuglés, devant la pensée de fouler aux pieds ces principes, base de la sociabilité actuelle, ***égalité des droits et des servitudes***. S'ils les sacrifiaient en quelque chose, au même moment l'avenir échapperait de leurs mains.

Si, comme la raison nationale le commandait, le remplacement n'eût jamais été toléré dans l'armée sous quelques formes qu'il se fût déguisé, on n'entendrait en France qu'une seule voix pour soutenir l'exactitude des principes ci-dessus. Personne jamais n'eût osé proposer d'appliquer l'armée aux travaux publics. — Mais le remplacement fut une concession enlevée par les tendances oligarchiques, et ce sont ces mêmes tendances qui veulent, au profit de leurs fauteurs, ressusciter l'ancienne corvée pour l'imposer à l'armée. — Il faut être si pauvre, s'écrie-t-on, pour se trouver dans l'impossibilité d'acheter un remplaçant ! — Aussi voit-on que les oligarques, actuellement, voudraient amener insensiblement à cette croyance, que le tirage au sort ne fut et n'est adopté pour mode de recrutement, que par raisons d'économie. Cette thèse du reste est en harmonie parfaite avec ces manœuvres par lesquelles ils s'efforcent à faire glisser petit à petit tout le pouvoir en leurs mains. Si la nation les laissait marcher, le Roi en France ne serait bientôt plus qu'un doge de Venise. Rien pour y conduire ne serait meilleur que cette sentence, si inconcevable dans un pays qui voit l'ennemi camper à ses portes : LE ROI RÈGNE ET

NE GOUVERNE PAS. Si le roi ne gouvernait pas, il en résulterait, comme nécessité indispensable dans le système constitutionnel qui nous régirait alors, la création d'une chambre des pairs *héréditaire*, puissante par ses richesses et ses emplois. Car il faut bien que l'unité et la constance dans le système gouvernemental et politique se trouvent quelque part.

On a mis, en avant, des raisons d'économie dans les dépenses, pour justifier l'emploi industriel que l'on proposait de faire de l'armée. On a prétendu ainsi utiliser, rendre *productives* suivant certaines locutions dont on abuse, les sommes consacrées à son entretien. — Mais que l'on considère donc bien que l'armée n'est pas enrolée pour son propre plaisir ; que ses membres ne demandent pas mieux que de se retirer dans leur chaumière; la conserver n'est pas une grace dont on la gratifie ; il n'y a donc pas la moindre raison spécieuse pour oublier que le seul motif qui ait pu justifier et faire décréter la réunion de ces hommes par LA VOIE DU SORT, est la nécessité absolue de ne remettre les armes qu'entre des mains loyales. On a infligé à ce recrutement le surnom *d'impot du sang*, et nombre de personnes sans méfiance ont répété ce mot que d'autres avaient lancé par calcul. Or, cette qualification, incapable d'aucune justification plausible, est encore plus immorale que celle de *prix du sang* dont on flétrit la pension alimentaire donnée à un mutilé des champs de bataille. L'oligarchie se base toujours sur ce principe que tout sans exception aucune peut s'acheter. Eh bien ! qu'elle s'achète une armée, alors elle pourra lui imposer la corvée de la glèbe. Mais l'armée actuelle, véritable députation de citoyens qui vont nous acquitter d'un devoir imprescriptible, et malheureusement infractionable, que nous devons tous, n'a rien de commun pour son origine avec le principe oligarchique. Elle ne saurait donc dégénérer au point de devenir la gent corvéable de ceux qui s'efforcent de substituer la féodalité de leurs capitaux à la féodalité des grandes épées de nos pères.

Quelques personnes ont essayé de s'appuyer sur l'exemple des travaux exécutés par les légions romaines; mais elles n'ont pas remarqué que la comparaison est impossible. A Rome tous les citoyens des classes supérieures de la société étaient soldats depuis dix-huit ans jusqu'à quarante-six. Aucune magistrature ne pouvait s'obtenir si l'on n'avait pas préalablement servi dans les armées. Tout Romain par suite passait par les mêmes travaux manuels, car s'il ne travaillait pas dans son premier service, il travaillait dans un suivant. Ainsi tous les citoyens sans exception, en commençant par les plus riches, participaient à la corvée. En second lieu, c'était presque toujours par punition que l'on imposait ces travaux aux armées, et en thèse générale ce n'était que pour des routes militaires. Mais ce qu'il faut bien remarquer surtout, c'est que tous ces travaux, qu'on attribue aux légions et qui s'exécutaient sous leur protection ou sous leur volonté, étaient purement l'œuvre des esclaves, des peuples conquis ou des jurandes romaines. Pour ces dernières, les recherches de M. de Cassagnac ont jeté beaucoup de jour sur la grande part qu'elles prenaient aux travaux surtout à ceux de l'intérieur. En réalité les légions romaines concouraient à la construction des monuments sur lesquels elles imposaient leur nom et leur numéro, à peu près de la même manière que tant de ministres ont travaillé à ces édifices sur le fronton desquels ils se sont fait inscrire.

Plusieurs militaires, hommes d'un mérite incontestable, ont admis la pensée des travaux par les troupes. — Il faut en chercher la raison première. — Héritiers comme nous tous de ces vieilles traditions militaires des anciennes armées royales de France, ils les ont acceptées sans contrôle et les ont renforcées de toute la dureté disciplinaire de la République et de l'Empire. Pour eux le mot *soldat* représente une certaine abstraction équivalant à peu près à *individualités dépouillées de volonté et vouées incontestablement à la consommation générale.* Mais tout cela n'est plus en harmonie avec les principes posés solennellement comme base de notre sociabilité actuelle. *Les armées s'en vont*, dit-on de toutes parts. Non ; cela n'est pas exact complètement ; mais elles tendent vers une transformation absolue. C'est vers une immense extension basée sur un principe organisateur totalement différent, qu'elles marchent. Elles constitueront un devoir pour tous, et elles ne présenteront un métier à personne. Certes, l'administration organisatrice actuelle est à peu près la meilleure possible, relativement aux principes qui lui servent d'appui depuis des siècles ; mais ces principes ont fini leur temps ; 89, 1814 et 1830 ont imposé la condition forcée de leur chute.

Toutes les considérations précédentes ne sont pas nouvelles ; nous-mêmes nous les avons émises publiquement en 1826 dans notre ESSAI SUR LA DÉFENSE DES ÉTATS. Mais il était utile de les bien poser pour déterminer la valeur de certaines propositions du mémoire que nous étudions.

L'auteur, pour obtenir le maintien indéfini en Algérie d'une armée très nombreuse, cherche à démontrer *deux propositions :* l'une, que cette armée sera une économie pour le trésor de l'Etat, comparée à ce qu'elle coûterait si elle restait en France ; l'autre, que cette armée rendra l'acte de la colonisation très facile.

Pour que l'armée devienne une économie, l'auteur l'emploie à créer des prairies, à faucher, à défricher des terres, à les cultiver, à y élever des maisons ; mais le produit de tout cela ne sera pas pour elle, il deviendra le bénéfice de l'Etat qui la nourrira elle et les chevaux, au moyen de ces récoltes. Quant aux soldats, ils auront pour rémunération un faible salaire en plus de cette moisson funéraire des maladies qui suit toujours dans ce pays le fauchage des foins, l'ouverture des nouvelles terres, et les travaux de force au grand soleil. On n'agirait pas plus strictement avec des ouvriers journaliers qui viendraient implorer du travail pour tenir tête à la misère.

Pour que l'armée facilite l'acte de la colonisation, elle donnera toutes ces terres et ces maisons aux colons quelconques qui arriveront, et elle ira au fur et à mesure défricher de nouvelles terres, bâtir de nouvelles maisons, encombrer de nouveaux cimetières, afin de les livrer ensuite de la même manière au premier arrivant. Pour que ces arrivants soient sans retards établis le plus commodément possible, l'armée leur creusera des canaux d'assainissement, leur fera des routes, des ponts et des fontaines. Tous ces travaux ne coûteront que très peu en argent, car on ne donnera aux soldats que de minimes indemnités; quant au nombre d'hommes morts ou à jamais perdus de santé que ces mêmes travaux coûteront, le soin d'en faire la somme et l'estimation sera laissé à leurs familles en France.

Mais si la France possédait, sous les mêmes droits que ceux du temps antique, un très grand nombre d'esclaves, pourrait-elle en agir plus rudement avec eux? est-ce donc dans une telle spéculation que la France tolèrerait la consommation de ses armées, sans souvenance des lois sous la protection desquelles elles ont été créées, sans remords pour tant de funérailles? est-ce donc à une telle fin que devaient aboutir tant de demandes et tant de promesses de diminuer les privations et les maladies qui accablent le soldat en Afrique? — Le soldat pourtant! c'est celui qui subit dans le plus haut degré toutes les souffrances physiques de la guerre; c'est celui qui monte ces factions mortelles de la nuit, qui porte ses vivres chétifs pour plusieurs jours, qui flanque et tiraille en gravissant à pied les roides escarpements, qui traverse incessamment toutes les rivières ayant l'eau jusqu'à la ceinture; c'est celui qui n'a ni les nombreuses décorations, ni les avancements, ni la gloire des bulletins, ni le mérite des hautes combinaisons stratégiques des rapports. Exemple incessant et vénérable de stoïcisme et d'abnégation, le sentiment seul du devoir envers la patrie inspire sa bravoure brillante sans arrière-pensée de fortune; son seul désir, son seul espoir, sont de retourner dans sa famille dès que le temps fixé par la loi aura été accompli. — Et l'on voudrait encore faire de lui le contribuable du trésor, le serf des colons, l'homme lige des ambitieux! — Oh non! l'on ne saurait vouloir tout cela, car le gouvernement ne saurait le tolérer. Ceux qui l'ont proposé ne l'ont fait que dans un de ces moments d'exaltation qui accompagnent souvent l'enfantement d'un projet, mais ils n'ont point analysé les conséquences; ils savent trop ce que vaut le soldat; ils ne consentiraient jamais à ce qu'on pût leur reprocher d'avoir fait ainsi à tout venant les honneurs de ceux dont le commandement leur est confié. Ils craindraient que les temps actuels et futurs ne les accusassent d'avoir tout sacrifié aux combinaisons mal calculées d'un désir trop impétueux de succès.

Déterminer exactement la limite qui sépare tout ce que les nécessités de la guerre permettent d'exiger du soldat *actuel*, de tout ce qui ne peut jamais lui être légalement demandé, est difficile. Plusieurs accidents particuliers peu importants présenteraient toujours matière à l'argutie. — Ainsi en économie sociale se trouve-t-on bien embarrassé pour définir exactement le point de séparation entre l'*outil* et la *machine*. — Mais pour les choses principales le choix ne saurait faire question. Or, en Algérie, que les soldats fortifient leur camp, les positions qu'ils peuvent avoir à occuper militairement, qu'ils ouvrent certaines routes indispensables pour les mouvements des corps d'expédition, tout cela sera rationnel; mais les employer à construire des murs défensifs et à creuser des fossés d'enceinte pour tous les établissements de colons que l'on voudra; leur faire exécuter toutes sortes de communications pour la plus grande commodité de circulation et d'exploitation de ces mêmes colons, cela tomberait dans l'abus. — Imposer aux soldats la condition de défricher et d'ensemencer des terres, en thèse générale, est illégal, est impossible. Mais si cette culture est commandée par une prévision de guerre ; si cette prévision démontre que dans la position où l'on est établi, l'arrivage des vivres sera sans nul doute interrompu par l'ennemi ; que les défenseurs seraient vaincus par la famine ; alors il est rationnel de forcer les soldats, supposés les seuls habitants de ce lieu, à demander à la terre tous les vivres qu'elle pourra donner. Le soldat doit accepter sans réclamation cette conséquence forcée. Mais il est une conséquence *tout aussi forcée* que l'Etat doit accepter et même reconnaître spontanément. Il doit faire tous les frais d'outils et de semence ; il doit laisser aux soldats le bénéfice intégral des récoltes ; il doit regarder ces soldats ou du moins l'armée qui est leur famille et militairement leur héritière, comme ayant acquis possession inaliénable de ces terres ainsi défrichées et mises en culture. Car l'Etat manquerait non seulement au droit, mais à sa dignité, s'il cherchait à bénéficier d'un centime sur ces produits, sur ces travaux qui auront coûté tant de morts. — C'est à satisfaire à tous ces principes que nous nous étions efforcé d'atteindre en demandant une *armée permanente* en Algérie, et en l'organisant en *colonies militaires permanentes*. Quel que soit le jugement que l'on porte sur la valeur absolue de cette partie de notre solution, il est du moins incontestable que les droits du soldat y sont scrupuleusement respectés, et que même en très peu d'années ces positions ne renfermeront plus que des soldats venus jadis volontairement. Il est également incontestable que ce serait un des moyens les plus certains de diminuer la mortalité, puisqu'il conserverait dans ce pays le plus possible de gens acclimatés. Mais envoyer sans cesse de nouveaux soldats défricher de nouvelles terres pour les donner ensuite à des colons, ce serait, toutes considérations de légalité à part, résoudre un problème de *maximum* sur la mortalité à l'usage universel de l'armée française.

Quant aux canaux d'assainissement, la meilleure manière de ne pas y sacrifier du monde, en pure perte toujours, c'est d'éviter d'en avoir besoin, par le fait d'un choix intelligent de positions saines.

Il est donc impossible de regarder toute cette partie des projets de l'auteur du mémoire comme apte à justifier le besoin d'une immense armée. Elle fournirait au contraire des motifs plausibles de diminuer celle actuellement réunie en Algérie.

Cinquième observation. — *Rendez à César ce qui appartient à César et à Dieu ce qui est à Dieu.* — Oublier aujourd'hui tout ce qui se faisait hier, est le type indélébile du caractère français. La conséquence en est que nous ne possédons ni la mémoire de l'expérience, ni la mémoire de la justice. Ainsi cette téméraire présomption française qui causa naguère la perte des batailles de Waterloo, des Arapilles, de Sainte-Euphémie, causait jadis celle des batailles de Crécy, de Poitiers, d'Azincourt, causera pour nous, encore, celle de bien d'autres journées funestes. Ainsi les combats d'aujourd'hui de l'armée d'Afrique font oublier ceux qui furent livrés sur cette même terre il y a quelques jours, font oublier les gigantesques batailles et les sanglantes escarmouches journalières de l'Empire et de la République. De ce défaut national résulte un mal spécial et de chaque moment pour nos affaires en Algérie. Tout occupé que chacun est en

France de glorifier les choses d'aujourd'hui, par le seul besoin de glorifier, on ne s'y rend nullement compte des causes de ces succès du jour; on les attribue sans restriction aucune au chef de ce moment, et l'on proclame que tous les chefs qui l'ont précédé n'avaient su rien faire. Un tableau présenté dans le mémoire de M. le général Bugeaud, jette un grand jour sur cette question. C'est celui qui donne l'effectif successif de l'armée depuis 1831. On voit cette armée de 17 mille hommes arriver progressivement à 29 mille sous le maréchal Clauzel, à 40 mille sous le général de Damrémont, à 60 mille sous le maréchal Valée; et enfin au chiffre immense de 78 mille hommes sous le général Bugeaud. On aperçoit alors, tout à coup, que quel qu'ait été le chef, l'extension de domination ou plutôt d'action militaire a suivi proportionnellement l'accroissement du nombre des soldats. La réflexion vient ensuite y ajouter que les premiers combattants faibles par le nombre, dénués de tout, sans la moindre carte du pays, ayant à faire connaître la valeur française à des indigènes fiers de leur masse, audacieux par ignorance, étrangers encore à toute perte dans les rangs de leurs braves, eurent à remplir une tâche bien autrement dure que celle dévolue à leurs successeurs, à leurs héritiers. Quelques mots sur ces gouvernements passés ne seront peut-être pas inutiles.

En 1830, ne disposant que de 20 mille hommes pour tenir Bone, Oran, Alger, le général Clauzel, le premier, devina et força le col de Teniah défendu par le bey de Titery qui avait amené là son canon, ses vieux soldats Turcs et tous les Kabayles. Il prit le Bey, le destitua, entra dans Médéah, y laissa garnison française, et revint tranquillement. La terreur fut telle chez tous les indigènes que les deux bataillons de Médéah, dont un Zouave, dominaient le pays, et tiraient de lui leur nourriture; que deux fois des convois traversèrent le col sans coups férir; que des milliers de cartouches arrivaient d'Alger apportés par des Arabes sans escorte; que des Français isolés se répandaient dans la Métidja. Mais le rappel des troupes en France réduisit l'armée à 12 mille hommes, contraignit à retirer la garnison de Médéah, apprit aux Arabes que nous pouvions être forcés de reculer, et prépara ainsi la malheureuse réaction qui sous le commandement de son successeur nous resserra dans le Sahel. L'évacuation militaire de Médéah fut une des résolutions les plus funestes de toute cette époque; la paix de la Métidja et la sûreté de nos cultures étaient *alors* dans cette position.

Avec vingt-un mille hommes, le duc de Rovigo ouvrit de grandes routes militaires, transforma son propre palais de la campagne en hôpital, rendit la sécurité absolue au Sahel, punit Blidah, regagna son influence sur la plaine, reprit Bone perdue avant lui. — Avec vingt-six mille hommes il augmenta l'action de Bone, celle d'Oran et prit Bougie. Cette dernière décision fut un malheur. D'elle data cette divagation de conquêtes et de pointes militaires qui fit vibrer incessamment le cri de la guerre sainte dans le cœur de tous les indigènes, et qui fit négliger entièrement la véritable question à suivre: LA COLONISATION. — Le général Voirol prolongea avec bonheur cette marche intelligente du Duc, assura la sécurité de l'Est de la Métidja par l'établissement des Aribs, et maintint des relations pacifiques et avantageuses avec un cercle d'indigènes d'un rayon assez étendu autour d'Alger. Ce fut dans ce temps, que supposant à la paix une durée à jamais assurée, l'administration crut que le moment convenable pour tout régler par des arrêtés et des ordonnances d'organisation, et pour se mettre en lutte avec l'autorité militaire, était enfin arrivé. Ce contrecoup funeste prenait son impulsion d'origine dans une manie inconcevable de division et de balancement des pouvoirs qui avait son siège à Paris. Pendant que l'on continuait ainsi à perdre un temps précieux, la foudre frappa dans l'Ouest, et annonça aux nations la naissance d'Abd-el-Kader.

Avec vingt-neuf mille hommes le maréchal Clauzel dut faire tête partout. Il battit Abd-el-Kader, prit Mascara, Tlèmcènn, et reçut par lui ou par ses lieutenants de nombreuses soumissions. L'année suivante, avec six mille hommes, deux ou trois canons de campagne, quelques galettes de biscuit, en plein hiver, il partit de Bone resserrée par Hamed-Bey, et marcha audacieusement sur Constantine. Il fut admirable lorsque du Ras-el-Akba, débrouillant un horizon indéfini de montagnes inconnues, il devina cette trace courbe et facile par laquelle il résolut de conduire ses troupes et rejeta bien loin par ses prévisions la route directe, la seule que les Arabes lui offrissent. Il fut grand lorsqu'il ramena son armée décimée par le feu, le froid, la faim, mais toute pleine de confiance en lui. *Quatre heures de plus* devant la ville ennemie et il y entrait en maître, car ses défenseurs organisaient la députation qui allait lui en apporter les clefs. *Quatre heures de plus*, et pour la centième fois de sa vie il était proclamé grand capitaine. Malgré les sollicitations pressantes de quelques uns de ses officiers, il donna le signal du départ, au grand regret de ses soldats.. L'envie s'empressa de le fouler aux pieds, insouciante de ses anciens trophées ; — eh ! aucun n'a voulu dire qu'il refusa de jouer cette grande et dernière carte d'un jour de plus sous Constantine, parce qu'il avait à assurer le salut d'une personne bien plus précieuse encore pour l'honneur et pour l'intérêt de la France, que l'incendie de quelques drapeaux et la perte de quelques milliers d'hommes qu'on eût pu hasarder s'ils eussent été seuls ! Il fut intelligent et hardi, lorsqu'au milieu de cette retraite, dont la réussite démoralisait l'ennemi, il donna Guelma pour avantposte à Bone qui, vingt jours auparavant, avait vu les escadrons d'Hamed roder audacieusement autour de ses murailles. — S'il était permis aux hommes de regarder certains évènements comme actes absolus de la Providence ; s'il leur était permis d'en tirer des conclusions immédiates, ne serait-on pas porté à croire que Dieu voulut sauver la France du reproche d'avoir imposé à ces populations le gouvernement nouveau qui avait été décrété, et dont les malheurs de Tlèmcènn auraient du proscrire la pensée à tout jamais.

Avec quarante mille hommes le général de Damrémont et le duc de Nemous donnèrent Constantine à la France. Un boulet vint frapper à mort le gouverneur la veille du jour que tout annonçait devoir être celui de son triomphe.

Héritier du champ de bataille de Constantine, le maréchal Valée, ayant quarante-huit mille hommes, fit face partout. Il fonda Philippeville, étendit la domination française dans la province nouvelle jusqu'au pays de Beskra, et le premier il y fit partout lever l'impôt. Il s'empara de Blida, que depuis neuf ans on tentait d'occuper, et il y fonda, à quatorze lieues d'Alger, une base d'opérations solide contre le Sud-ouest. Il fit occuper Gigelli; ce fut un malheur. — Le traité de la Tafna, par suite de ses délimitations étranges, renfermait la guerre dans son sein. Celle-ci éclata, malgré le grand désir que Abd-el-Kader avait de la retarder plusieurs années encore, malgré tout ce qu'il essaya sur les populations pour la reculer. — Mais pousser tout un peuple vers un système d'idées actives et brulantes, le mettre ainsi en mouvement, et rester à volonté maître de lui faire faire halte lorsque la raison le demanderait, constitue une question impossible, contre laquelle se sont brisés bien d'autres Abd-el-Kader. — Avec soixante mille hommes pour toute l'Algérie, le maréchal Valée, aidé du prince royal Ferdinand-Philippe d'Orléans, livra plusieurs combats, franchit plusieurs fois l'Atlas, s'empara de Médéah, de Méliana, qu'il fortifia pour en faire plus tard des bases d'opérations; il reporta la guerre très au loin d'Alger et réduisit Abd-el-Kader au système de ne plus ni accepter ni tenter aucun grand engagement. — La prise du col de Ténia fut le chant du cygne du duc d'Orléans. Déjà son heure fatale était marquée; la Providence ne voulait lui accorder que le temps de se faire connaître pour que la France eût longtemps à pleurer sur tant de qualités subitement évanouies pour elle. — Les vieux réguliers d'Abd-el-Kader gisaient dans le cercueil; ils étaient tombés dans les combats acharnés de Blida, de la Chifa, de l'Atlas, de Méliana, de Médéah, et les derniers s'étaient éteints sous les maladies pendant le blocus d'été de cette ville. Désormais les cinq bataillons n'allaient plus être composés que d'enfants héritiers de l'uniforme, mais non de la valeur militaire de ces vieux prétoriens de l'Émir. La campagne prochaine, partant de Médéah et d'Oran, s'ouvrant avec la certitude que l'Émir ne pouvait plus livrer de grands combats, était projetée sur l'idée de marches profondes exécutées par plusieurs colonnes simultanément dans tout le pays ennemi. — A cette époque le pouvoir changea de main. — Pendant les premiers temps de la guerre l'armée avait regretté que son chef n'eût pas l'habitude du remuement des troupes, mais à la fin de la campagne chacun avouait que *le vieux maréchal* avait su apprendre malgré sa spécialité et son âge.

Telle était la position militaire des évènements au centre. A droite, Oran, ayant des forces considérables, étendait son cercle d'action. A gauche, Constantine voyait la paix régner dans tout l'Est, et les Arabes de la limite du Sud repousser et massacrer les détachements de l'Émir envoyés pour les soulever. Partout des bases d'opération solidement retranchées présentaient des hôpitaux, des magasins, des fours, des casernes, des lits, des ateliers de réparation ; des cartes levées successivement et rédigées avec soin donnaient la connaissance exacte d'une immense étendue de pays. Tel se présentait le point de départ ; tel l'avaient fait les gouverneurs pendant onze années de travaux assidus. Pour s'en servir, on composait une armée de soixante-douze mille hommes, supérieure de beaucoup à toutes celles qui l'avaient précédée, destinée à être en peu de temps élevée à soixante-dix-huit mille. L'extension des moyens suivant ainsi une marche progressive, ascendante, incessante depuis les premiers jours, pourquoi l'extension du cercle des opérations, si l'on voulait guerroyer, eut-elle cessé tout à coup de suivre cette même marche ascendante des onze années? Quoi de nouveau, d'extraordinaire dans cela? — Mais guerroyer, était-ce bien ce qu'il y avait de mieux à faire? La tendance à guerroyer n'est-elle pas l'erreur irrémissible des anciens gouverneurs?—Pour nous, nous répondrions OUI.

Dans toutes ces premières années, les souffrances des troupes furent incroyables. L'armée avait à surmonter tout à la fois, et un dénuement absolu des secours de la vie, et l'ignorance des ruses audacieuses des indigènes, des exigences mortelles du climat, de la topographie d'un pays dangereux, pays inextricable, alors privé des grandes communications sur lesquelles on roule maintenant sans se souvenir de ceux qui les fondèrent avec leurs ossements. Durant cinq années, dépourvus de mulets et de cacolets, ce fut à bras, sur des couvertures, qu'on rapporta les blessés pendant de longues courses de plusieurs journées. Bien des années s'écoulèrent avant que l'on réunît quelques matelas dans de rares positions pour fournir un couchage aux soldats. Dans tous les points nouveaux qu'il fallut fonder, tels que Bou-farik, Douira, Dréan, Guelma, Neichmaya, et tant d'autres, les troupes durent bien longtemps coucher à terre, n'ayant contre les pluies de l'hiver que des minces tentes, et plusieurs fois n'en ayant même pas. — C'est à toutes ces dures épreuves subies par les anciens bataillons, et aux pertes douloureuses qui en furent la conséquence, que sont dus tant d'établissements utiles. Qu'on profite de ceux-ci, cela est rationnel, car on les créa dans ce but; mais oublier qu'il a fallu les créer, serait injuste.

Au travers de tant de travaux de toute nature, l'armée chercha encore à venir en secours à sa situation par la culture. A Bone le général d'Uzer avait donné aux troupes certaines terres qu'elles mirent en rapport pour leur profit absolu ; des opérations semblables commencèrent à Bougie, Oran, Guelma, Philippeville, Cherchell, Médéah, etc. — La pensée de porter les troupes à améliorer leur sort par la culture des terres n'est pas nouvelle en Algérie. Mais la proposition d'appliquer les troupes au défrichement et à la culture *pour le profit de l'Etat*, ne ressemble en rien à ces antécédents, et tiendrait trop de l'oligarchie. Plusieurs fois on employa des soldats, que pourtant on paya bien, à faucher des foins pour le bénéfice de l'Etat ; le chiffre des malades et des morts, que donnèrent ces regrettables expériences, a prouvé combien cette économie était chère et combien vite il fallait s'en abstenir.

Voilà une faible et bien incomplète indication de ce que tentèrent neuf commandants en chef et de ce que firent leurs soldats.

Dans le mémoire que nous étudions, l'on rencontre les phrases suivantes : « *Dans la rude guerre que nous leur avons faite, les tribus arabes, incessamment traquées par nos colonnes, ont perdu..... notre action a été depuis quelque temps assez énergique pour que... la vie sera rude en Afrique pour les militaires qui rempliront leur devoir avec le dévouement nécessaire au succès..... et cependant on débutait* (dans les cultures de légumes pour les troupes) *et l'on manquait d'une partie des éléments nécessaires..... la conquête du pays ne se borne plus à quelques murailles....., deux années ne sont pas encore écoulées, depuis qu'avec d'incroyables efforts nous suivons persévé-*

ramment une politique énergique. » Quelques personnes étrangères à l'Afrique en ont conclu que tout dans ce pays datait de l'arrivée du nouveau gouverneur. Elles lui prêtent ainsi des pensées que certainement il n'a pas. Non, M. le général Bugeaud n'ignore pas que la vie a été *excessivement rude* en Afrique bien avant son arrivée; il n'ignore pas que bien avant lui les troupes avaient cultivé *pour elles;* il n'ignore pas que ces routes qu'il parcourt, que ces bases d'opérations sur lesquelles il pivote, ont été créées bien avant lui; que les provinces de Bone et de Constantine desquelles il a tiré à des prix raisonnables, tant de chevaux, tant de mulets, tant de denrées, et qu'il a dégarnies de tant de troupes, composaient une vaste conquête présentant autre chose que *quelques murailles.* Il n'ignore pas que c'est avant lui qu'a été brisée la ceinture de l'Atlas et qu'il a toujours pu franchir le Ténia sans combattre. Il n'ignore pas que *l'énergie* n'avait jamais manqué à l'armée d'Afrique; que jamais lui, il ne s'est trouvé engagé comme elle dans des combats à *un contre plusieurs*, sous la condition irrévocable d'être ou victorieux ou massacré sans pitié; que tous les vieux réguliers de l'émir étaient morts avant son gouvernement; que le moment où l'on craignit de n'avoir pas montré assez d'énergie fut celui où à la Tafna on accorda une paix trop large à Abd-el-Kader. Il n'ignore pas surtout que s'il a pu frapper plus loin et plus fréquemment, c'est qu'il avait une armée bien plus nombreuse; *il l'explique lui-même lorsqu'il demande quatre-vingt mille hommes.* —Or, si M. le général Bugeaud aime qu'on sache tout ce qu'il a opéré, désir assez naturel, tout le monde sait aussi qu'il ne voudrait jamais ni anéantir, ni s'approprier ce qui fut le travail et le mérite des autres. Sans nul doute, M. le général Bugeaud rend à César ce qui appartient à César pour tous ces travaux et tous ces dangers antérieurs, comme il rend à Dieu ce qui appartient à Dieu en le remerciant de lui avoir tout à coup donné le bénéfice de ces avances et le commandement d'une armée bien plus nombreuse. — Les personnes qui tirent des conclusions erronnées sur les pensées du général et sur la position réelle des choses, doivent donc se réformer.

SIXIÈME OBSERVATION. — *Soumission et conquête générale de l'Algérie.*—L'auteur s'efforce de démontrer comme premier principe qu'il n'y aura de sécurité et de garanties pour la colonisation, d'indemnités ou d'économies pour la France, de bénéfice enfin, que lorsque l'on aura obtenu la soumission complète des indigènes dans toute l'Algérie. Par suite il conclut que cette soumission est le résultat qu'il faut obtenir préalablement à tout autre; pour ce but, il demande une armée très nombreuse et développe son plan de guerre. Certainement il est incontestable que si cette soumission complète, absolue et durable, était obtenue, tout deviendrait excessivement facile ; car ce serait alors un peuple obéissant, une sorte de peuple annexe de la nation française, une espèce de département français éloigné, qui comme tous les départements contribuerait aux revenus de la mère patrie. Seulement pour ce département éloigné, plus que pour les départements européens, les chances de voir la victoire le mettre définitivement aux mains des puissances étrangères, seraient menaçantes. Dans ce département nouveau, alors, des Français pourraient aller sans crainte cultiver, commercer, porter notre industrie et propager notre race. C'est un de ces axiômes qui, comme tous les axiômes, évidents d'eux-mêmes ne demandent pas de démonstration.

Mais ce que l'auteur ne démontre pas, c'est que la soumission absolue puisse être obtenue ; c'est qu'obtenue elle ne soit pas indéfiniment éphémère ; c'est qu'on ne puisse pas coloniser, grandir de jour en jour, s'établir irrévocablement quels que soient les évènements européens, quand bien même on serait loin de cette soumission. Or nous croyons, nous, que la soumission *absolue* est impossible, car il y faudrait six cent mille hommes constamment renouvelés; nous croyons que toute soumission que l'on pensera avoir obtenue ne sera qu'apparente, éphémère, sans garantie pour les cultivateurs ; nous croyons enfin que la colonie peut se consolider, marcher d'un pas ferme et vigoureux, défier les évènements ordinaires d'Europe, sans la soumisssion préalable, et que par suite elle peut se fonder à bien meilleur marché.

Pour prouver que la soumission absolue ne saurait être possible, pour prouver que toute soumission accidentellement obtenue ne serait qu'apparente et éphémère, le meilleur moyen à employer d'abord est peut-être de transcrire ici quelques unes des considérations présentées par l'auteur. Voici les premières : « *Je n'hésite pas à le dire : les mêmes forces qui auront opéré la conquête, seront indispensables pour la maintenir. Les Arabes sont fiers, belliqueux ; la guerre est leur état normal; dès leur enfance tous les hommes sans exception s'exercent au maniement des armes et des chevaux; les entreprises hasardeuses lec occupent sans cesse; bon nombre d'eux se livrent au vol, qu'ils ont presque élevé à l'état de vertu, tant il y a de danger à le pratiquer.... L'Algérie a deux cents quarante lieues de longueur sur cinquante de largeur; sa topographie est des plus difficiles; elle est occupée par des populations bien plus nombreuses qu'on ne le croyait, et sans contredit les plus belliqueuses du monde. Tous les hommes sont guerriers depuis leur adolescence jusqu'à leur extrême vieillesse; chacun pris individuellement est un homme de guerre redoutable; on ne peut les contenir et les dominer par aucun de ces grands intérêts des nations de l'Europe; car ils n'ont ni grands centres, ni navigation intérieure, ni grandes routes, ni fabriques, ni villages, ni fermes; mais tous ont fusil et un cheval.... Le sol est nu, difficile, accidenté; l'industrie est inconnue; la population est pauvre, guerrière, intrépide, ignorante et dans cet état de civilisation qui laissant à l'homme toute sa sauvage indépendance le rend plus insaisissable.* — Telle est la population à soumettre; telles sont ses ressources militaires; et le tableau est loin d'être forcé; or ces hommes, à la foi si vive, défendent ce que les hommes possèdent de plus vénérable: leur religion, leur nationalité, leur indépendance de l'étranger, et les tombeaux de leurs pères; leur cœur est déchiré par la haine et par la vengeance au souvenir ineffaçable de la mort de leurs parents, de la destruction de leurs douars et de leurs troupeaux, de l'enlèvement de leurs femmes et de leurs filles. Pense-t-on qu'une telle population puisse être forcée, par les armes, à la soumission indispensable à l'Européen pour la sécurité de ses cultures; pour que, sans être couvert d'un abri infranchissable, il ose creuser son sillon ; pour qu'il ne voie pas ses cultures incendiées ou ravagées pendant l'obscurité de la nuit ? A cette question l'auteur répond *oui*. Mais son argument est qu'il n'y a plus qu'à maintenir ; que la soumission est un fait accompli ; car voici ses paroles : « *La première question à résoudre était la soumission des arabes... L'œuvre de la guerre est trop avancée pour que le moment ne soit pas venu d'examiner comment nous pourrons rendre sure et féconde cette glorieuse conquête... Mais avec la soumission et la paix, on ne doit plus être arrêté par de semblables considérations et il faut se hâter d'établir le système d'occupation agissante qu'on voudrait employer pendant la guerre.... Je vous l'ai dit déjà : vous les avez soumis* (les arabes) *par les armes, vous ne le maintiendrez dans la soumission.... L'Afrique est conquise; cet évènement est aujourd'hui consommé... La ligue formée au nom de Mahomet et de la haine politique est brisee; les tribus détachées une à une du faisceau ne viennent pas acheter par une parade le droit momentané de faire une récolte qui n'existe plus; elles viennent vaincues, lasses de la guerre, haletantes, épuisées, demander la paix, un gouvernement et des chefs choisis par nous; le Jugurtha nouveau se cache dans le voisinage du désert; il ne peut plus rien de sérieux... La ruine d'Abd-el-Kader était le premier degré de la domination; elle est consommée.* — Or, les évènements sont bien loin d'avoir prouvé jusqu'à présent que cette soumission annoncée comme un fait accompli soit incontestée et incontestable. Donc si l'auteur, qui est en même temps gouverneur général, s'est mépris sur la réalité de faits se passant sous ses yeux, il est permis de croire à plus forte raison qu'il peut s'être fait illusion sur ses calculs et sur ses espérances. Mais la soumission en la supposant enfin obtenue après de nouveaux et pénibles efforts, mènerait-elle à une sécurité absolue pour les agriculteurs ? Serait-elle stable, ou bien éphémère, vacillante, exposant les moissons et les cultivateurs au danger incessant d'être emportés cette année ou l'autre par une avalange instantanée de cavaliers ennemis ? Bien des paroles de l'auteur semblent indiquer ce danger comme réel, comme insurmontable, car en outre de ces passages où il prouve que l'arabe est le partisan le plus brave, le plus hardi, le plus intelligent, le plus passionné pour le butin, il dit : « *Pensera-t-on qu'on puisse diminuer nos forces en présence d'un peuple ainsi préparé ; l'histoire des arabes nous apprend combien ils sont prompts à la révolte ; leur antipathie pour nous et notre religion durera des siècles.. En Afrique une armée européenne s'y trouve dans la situation d'un taureau assailli par une multitude de guêpes... Ne nous faisons pas illusion à l'égard du concours des arabes, ceux qui nous paraissent les plus dévoués ne viendront accroître nos forces qu'autant qu'ils y seront contraints... Croirez-vous en effet que ce peuple si fier, si belliqueux, si prompt à la révolte, dont les gouvernants sont à la fois administrateurs guerriers et marabouts puisse être, etc... Pour gouverner ces peuples si peu accessibles, si guerriers, si différents de mœurs, si mobiles, si ardents, il faut autant de forces, plus de forces peut-être, autant de persé-*

vèrance et d'énergie qu'il en a fallu pour les vaincre. Pour faire tête à tous ces dangers, pour maintenir cette soumission, l'auteur ne voit que l'emploi permanent de la force, toujours et partout présente, toujours prête à frapper. Ainsi tout est subordonné à la continuité non interrompue de celle-ci; si un jour elle manque, tout croule. Or, combien de causes ne peuvent-elles pas surgir dont la conséquence forcée et immédiate serait la diminution de cette force? L'auteur lui-même en signale une comme imminente lorsqu'il répète tant de fois: *Nous avons besoin d'aller vite pour être plus tôt en mesure contre les éventualités de l'Europe; notre situation politique en Europe nous commande la promptitude.* En effet, si une guerre européenne s'engageait contre nous, qui pourrait douter que notre armée en Afrique ne diminuât rapidement, soit par le rappel en France d'un bon nombre de ses bataillons, soit par le défaut des recrutements destinés à réparer ses pertes toujours nombreuses et incessamment dues à de nombreuses causes. Les menées, les secours des puissances ennemies viendraient s'y joindre; l'insurrection religieuse et nationale s'élancerait immédiatement contre nous.

Ainsi donc, toute colonisation fondée sur une culture diffuse, en plein pays, au gré indéfini de chaque propriétaire, n'ayant que de petits villages crénelés pour réduits; toute colonisation fondée sur des facilités de voyages intérieurs et de commerce; toute colonisation semblable, disons-nous, serait précaire, et peut-être sans lendemain; car elle ne peut naître et subsister qu'à condition d'une soumission *parfaite* et *indéfinie;* or les considérations présentées par l'auteur lui-même, prouvent que *parfaite* cette soumission ne le sera jamais ; que sa durée loin d'être indéfinie sera subordonnée à toutes les éventualités possibles. C'est donc sur une autre série d'idées qu'il faut établir la colonisation ; celle de l'auteur est fondée sur le sable. — En pratique, la soumission *absolue* ne peut être prise pour la base d'exécution.

Pour maintenir la soumission, l'auteur demande une armée immense ; cela est conséquent avec l'immensité de difficultés qu'il y aperçoit. Cette armée, pour agir, serait divisée et répartie sur quelques positions principales qui lanceraient des colonnes dans toutes les directions, soit pour se montrer, soit pour frapper. A ce sujet, il s'exprime ainsi : « *Il y a entre le système des occupations multipliées et le système de mobilité la différence qui existe entre la portée du fusil et la portée des jambes. Le fusil ne commande qu'à deux ou trois cents mètres: les jambes commandent dans un rayon de quarante à cinquante lieues*. Cette idée n'est pas neuve ; elle est toute entière, par exemple, dans un mémoire public du maréchal Clauzel. Mais il faut demander aux hôpitaux le prix que toutes ces marches coûtent par l'immensité des maladies et des morts qu'elles causent. Il faut étudier ce chiffre de vingt-quatre mille malades actuellement dans les hôpitaux en Algérie et le chiffre de tous ceux qui quotidiennement avaient été évacués sur France. L'on comprendra, alors, la nécessité de trouver bien vite un moyen plus humain de couvrir les colons et la colonisation.

Les centres d'action choisis par l'auteur, laissent d'énormes trouées entre eux ; comment pourra-t-on espérer que des partis de cavaliers ennemis venus d'au-delà, ne franchiront pas impunément et fréquemment pour tuer, ou incendier ou piller. Dès que nos cultures aventurées et en plein vent seront établies, ils organiseront des courses contre elles, comme jadis les corsaires de Turquie en organisaient contre les villes et les villages du littoral de l'Italie. Resserrer ces trouées, demanderait l'occupation de plus de points encore et par suite des forces encore plus nombreuses. Et pourtant, tout cela n'empêcherait pas les partis incendiaires de l'ennemi de traverser et de se sauver. Vouloir maintenir ainsi les Arabes, c'est vouloir coërcer de l'eau dans un crible. L'auteur pose que l'Algérie à cinquante lieues de largeur. Si la limite à ces cinquante lieues, était une frontière infranchissable comme la mer, ce serait une circonstance des plus favorables. Mais au-delà des cinquante lieues sont les terres des Èmimmchas, des Beskra, des Béni-M'zab, de Lorouate, toutes habitables, toutes en relation journalières avec les populations nombreuses et rapprochées de ce que nous nommons le désert. Là se réuniront tous les guerriers opposants qui fuiront notre domination, notre présence. Ils ne se contenteront pas de chanter avec résignation

> Nos patriæ fines et dulcia linquimus arva,
> Nos patriam fugimus;

mais nouveaux Vercingetorix, nouveaux Hampden, nouveaux Guillaume-Tell, ils se précipiteront constamment tant sur nous que sur les Musulmans excommuniés acceptant notre protection, et se maudissant les premiers de l'avoir acceptée. Recrutés absolument comme le furent les prétendus Hadjoutes, ils suivront leur exemple si glorifié chez toutes ces peuplades. —Tout cela ne saurait être empêché ; tout cela doit-être accepté, quelque système colonial que l'on adopte. Il faut donc que ce système soit, par lui-même, indubitablement à l'abri de ces dangers, de ces revers, et de cette immense consommation de soldats Français. Or les exploitations agricoles en plein vent, abandonnées au libre caprice d'un chacun, ne satisfont pas à cette condition ; leur sécurité, leur prospérité, leur existence reposent sur une impossibilité.

Si des méfaits sont ainsi commis sur les établissements français, sans nul doute on réagira sur les tribus voisines coupables ou seulement accusées d'avoir donné passage. Ces réactions seront ou des vexations, ou des jugements capitaux erronés, ou des amendes, ou des razias ; tout cela enverra des renforts au parti ennemi. Pour ce dernier, ce deviendra une bonne tactique que de renouveler souvent ces méfaits ; car, il accroîtra ainsi le nombre de tribus maltraitées et même de tribus ruinées par nous ; et nous allons vite sur cette pente ! Tant qu'une tribu possède beaucoup, elle hésite à nous attaquer ; mais dès qu'elle est ruinée, toute incertitude est finie ; chaque homme ne considère plus que sa foi, son cheval, son fusil, et sa vengeance. N'est-ce pas le résumé de ce qui est arrivé en Afrique depuis la prise d'Alger ? Tout système de colonisation qui expose fréquemment à ces évènements est donc à redouter ; le système de colonisation pour être bon doit rendre impossible par sa constitution les causes de ces collisions funestes.

L'auteur met ses corps de première ligne dans des villes arabes. Cela a plusieurs inconvénients. Lors d'une sortie, il faut toujours y laisser plus de troupes de garde que cela ne serait nécessaire pour une forteresse isolée ;

le secret sur le départ de cette sortie n'est plus possible à obtenir ; des émissaires vont l'annoncer partout. En outre, cette vicinité des français, naturellement si légers, si curieux, si inconséquents, si vifs, peu à peu fera émigrer tous les habitants, particulièrement les plus austères et les plus influents. Loin de mener à des rapprochements, elle sèmera et produira la haine qui ira prêcher journellement contre nous dans les tribus.

La colonisation antique de Carthage et de Rome, en Afrique, offre une longue expérience qui vient bien à l'appui de ces observations. Carthage n'établit que des villes sur le littoral, car elle ne cherchait que le commerce du monde d'alors. Dans les terres, généralement, elle s'abstint. Elle négocia avec les rois du pays pour acheter leurs grains et leurs produits; elle employa toute sa politique à les diviser; bien souvent néanmoins elle vit, du haut de ses murailles, et ses jardiniers fuyant vers elle pour échapper à l'esclavage et l'ennemi faisant le dégat de sa petite campagne. Enfin, ces peuples indigènes se joignirent aux Romains qu'ils ne connaissaient pas, par la seule raison que les nouveaux venus étaient les ennemis de Carthage. Grace à ces alliés, Rome, triomphant à Zama, asservit sa rivale, et, plus tard, graces encore à eux, la détruisit de fond en comble.

Rome à son tour voulut coloniser. Peu avant Jugurtha elle avait envoyé une colonie à Carthage; c'était la première qu'elle essayait ainsi hors de l'Italie. Elle s'était contentée à cette époque de tenir par des garnisons toutes les anciennes villes Puniques de la côte, et elle gouvernait par des rois de Mauritanie et par des rois de Numidie poussant leurs limites jusque très près de Carthage. Mais se préparant à effacer ces souverains étrangers, et Jules Cæsar ayant fait une province romaine du royaume de Juba, elle multiplia, comme éléments de domination, ses colonies dans l'intérieur des terres. Or, on sait ce que était alors une colonie romaine : c'était une troupe d'hommes disciplinés, cultivant, combattant, aidés dans leurs travaux par des esclaves. Néanmoins, jamais cette occupation intérieure ne fut tranquille; pourtant elle était établie dans la portion Est, c'est à dire dans celle rendue la plus facile de toutes par la forme générale du terrain. A chaque instant ses cultures étaient ravagées, ses colons emmenés en esclavage. Bien des gens n'ayant remarqué que les deux grandes révoltes de Tacfarinas et de Firmus croient, a tort, que les colonies romaines étaient sans guerres et sans dangers. La cause de cette erreur est facile à trouver; elle vient de ce que les auteurs anciens, dont les écrits nous sont parvenus, donnent de rares détails sur ces faits. Cependant de leurs rares indications, et de quelques inscriptions recueillies, il résulte que depuis Cæsar jusqu'à l'arrivée des Vandales, en 428, *dix-neuf grandes rebellions*, au moins, nécessitèrent l'emploi de fortes armées romaines, et que plusieurs de ces rebellions demandèrent des années de guerre pour être comprimées; il résulte, en outre, de l'inscription d'Auzia posée en 188, qu'indépendamment de ces fortes guerres il y avait de petites guerres continuelles autour des colonies; car cette inscription dit que Gargilius, préfet et tribun, détruisit le rebelle Faraxen et sa troupe, et que, plus tard, il périt lui-même dans une embuscade des Baouares. Dans ces conflits, grands ou petits, les récoltes étaient incendiées, les habitations détruites, les individus massacrés ou traînés en esclavage, et ainsi se confirmait ce passage d'Ammien Marcellin : « *Africam, jam exurebat barbarica rabies ; per procursus audentiores et crebris cædibus et rapinis intenta.* — La fréquence de ces désastres partiels est surtout mise hors de doute, soit par les pères de l'église racontant les conversions dues à des dames romaines esclaves des barbares, soit par les conciles prenant des décisions sur le baptême des enfants rachetés et sur le rachat des prisonniers, soit par saint Augustin faisant fléchir la rigidité de la foi devant le besoin de conserver la protection des tribus indigènes. Un travail très intéressant de M. de Saint-Marc Girardin jette un grand jour sur ces faits (1). — Ainsi allèrent les colonies romaines de travaux en travaux, de calamités en calamités, de grandes victoires en grandes victoires jusqu'à l'année 428. A cette époque, quatre-vingt mille Vandales, hommes, femmes, enfants, au plus cinquante mille combattants, sortent d'Espagne, abordent dans le Maroc, et viennent jusque dans Carthage en foulant sous leurs pieds toute la colonisation romaine. Ils doivent ce rapide succès au concours actif des indigènes qui hâtent la destruction de leurs anciens dominateurs. Mais bientôt ces indigènes, incessamment ennemis de tout étranger et de tout maître, harcèlent les Vandales et s'établissent invinciblement dans toutes les montagnes. Cent années s'écoulent pour eux comme celles de jadis dans la résistance et dans les attaques continuelles, en attendant pour ainsi dire que le sort leur prête un autre peuple étranger ; et voilà qu'en effet

(1) *Revue des Deux-Mondes.* 15 septembre 1842.

la mer amène quinze mille soldats d'élite avec Bélisaire. Tout bouillonne aussitôt autour des Vandales et réduit leurs forces mobiles. Ces guerriers, qui depuis quelques jours à peine avaient saccagé et pillé Rome elle-même, sont vaincus dans une bataille ; bientôt, par le fer des Romains et des indigènes réunis, ils tombent massacrés et détruits jusqu'au dernier. Mais ces indigènes ne se résolvent pas davantage à rester amis des nouveaux Romains que jadis avec les anciens. Ils se coalisent, ils se donnent des rois, ils battent et massacrent des Exarques, ils prennent Cherchell ; et les colonies romaines malgré de grandes victoires éventuelles, toutes réduites de nombre qu'elles soient, ne savent plus compter sur l'avenir. Enfin, cent ans environ après Bélisaire, en 647, les Arabes de l'Islam paraissent. Tout cède, après des combats acharnés, devant leur enthousiasme et devant leur courage. Trouvant chez les indigènes identité d'origine de langue et même identité de mœurs et de manières, ils se fondent rapidement avec eux en leur imposant leur croyance et en les emmenant dans leurs expéditions militaires ; ils composent ainsi ce peuple qui, depuis douze siècles, couvre la terre d'Afrique, de la Méditerranée au Sénegal, de l'Océan aux montagnes de la lune, peuple dont l'histoire nous est presque entièrement inconnue, et qui présente encore les signes, les mœurs, les antipathies des anciennes populations. Celles-ci, comme on l'a vu, ne ne furent jamais assez organisées par l'obéissance intelligente à un seul pour expulser un conquérant européen. Mais constamment elles surent l'user et le ruiner ; et, dès que le hasard vint leur fournir pour appui un autre élément Européen aussi, elles eurent bientôt réussi à faire disparaître le premier. Ainsi, ces fourmis rongent dans sa base l'arbre fort qui défiait l'aquilon : chaque jour l'œuvre de perdition marche à son terme fatal ; une faible brise arrive et le colosse git renversé. Mais elles, nées pour cette place, elles y restent et s'y perpétuent destinées à ruiner encore celui qui viendrait l'occuper.

On est forcé d'après ces antiques expériences, d'après ce que la France a vu depuis douze ans, d'après les paroles même de l'auteur, de se refuser à reconnaître la possibilité d'une soumission assez absolue pour permettre la libre culture ; assez absolue pour permettre de dispenser les cultures d'un bon retranchement ; assez absolue pour permettre de composer les centres de culture autrement qu'avec de petits propriétaires vigoureux, soumis à une discipline bien pondérée. Si un hasard, si un calcul quelconque de l'ennemi, amenaient les apparences d'une telle soumission, tout démontre qu'elle ne serait qu'éphémère, qu'elle s'évanouirait instantanément amenant d'affreux malheurs pour toute colonisation qui aurait dédaigné de s'organiser avec les conditions ci-dessus. Agir en refusant de croire à l'imminence de ce grand danger, serait aller, nouveau Damoclès, se mettre volontairement sous l'épée suspendue par un faible fil. Un mode de colonisation, satisfaisant aux conditions de détail et de force propre que nous venons de rappeler, est donc indispensable; rejeter celles-ci est impossible, est irrationel. Certainement il présente quelques difficultés matérielles d'exécution ; mais avec lui disparaît la nécessité de la soumission des indigènes et par suite disparaissent la nécessité d'une immense armée, et celle des immenses sacrifices en hommes et en dépense de guerre. Ce que demande principalement notre mode de colonisation, le voici : Des colons vigoureux, disposés à travailler et à se défendre et qui se sentent heureux de devenir par ce moyen et à perpétuité, propriétaires, pour eux et leur famille, d'un petit lot de terre et d'une fraction de maison. Ces hommes vigoureux on les trouvera dans la partie saine de ce *vingtième* de notre nation tombé dans le paupérisme. Qu'une loi autorise et rende irréfragable l'inscription en colonies sous certaines règles obligatoires de discipline; que ces colonies partent de France toutes formées, avec leurs chefs spéciaux, pour aller s'établir sur un terrain bien choisi, déjà retranché et offrant les maisons indispensables; alors la tache militaire de l'armée deviendra plus définie, plus possible, et demandera un chiffre bien moins élevé de bataillons. Ce projet il est vrai, exigera de fortes dépenses spéciales; mais l'avantage de marcher ainsi à l'extinction du *paupérisme* est bien autrement important que ces dépenses, et la charité chrétienne seule suffirait à y subvenir si elle y était invitée. — Du reste cette surcharge ne serait-elle donc pas plus apparente que réelle ? Car par le fait n'avons-nous pas déjà en France la taxe des pauvres ? La charité chrétienne ne fait-elle pas annuellement d'immenses sacrifices pour secourir les malheureux, et quelqu'un ignore-t-il que Paris seulement renferme douze mille ménages (soixante-dix mille personnes), ainsi secourus ? Enfin, l'auteur ne demande-t-il pas une immense armée expressément pour qu'elle distribue sa solde à des personnes habiles qui s'en composeront des capitaux avec lesquels elles pourraient cultiver. — Les premières colonies seraient recrutées dans le paupérisme des campagnes qui présente à lui seul huit-cent vingt mille individus, et à ce sujet il ne faut pas oublier que le paupérisme est le sixième de la populatiou dans le département du Nord ; les secondes présenteraient un mélange convenable du paupérisme des campagnes et de celui des villes qui, lui, se compose de sept-cent soixante-dix mille ames. Les succès de ces colonies amèneraient peu à peu aux moyens d'extirper la *mendicité* formée du huitième du paupérisme général, problème contre lequel se sont brisées jusqu'à ce jour toutes les législations depuis celles qui prononçaient la mort, jusqu'à celles qui prescrivaient l'emprisonnement, et jusqu'aux dépôts de mendicité de l'Empire. Car tuer, ou emprisonner ne donnent pas de travail, et donner du travail à tous est la grande question rendue de plus en plus insoluble par la propagation des machines.

La colonisation romaine nous présentera encore deux remarques.

La première. Les colons romains avaient des esclaves ; ils en avaient beaucoup. Le christianisme amena l'émancipation sur une échelle immense. Ces nouveaux libres ne voulant plus travailler, et ne possédant rien, vécurent des secours de l'église. Ils donnèrent ainsi naissance à ce paupérisme qui favorisa tant les révoltes et les Barbares, et qui fut une des causes de la chute de la domination romaine. Tirons en leçon pour proscrire en Algérie toute organisation industrielle et sociale qui amènerait le paupérisme pour conséquence inévitable chez sa population européenne.

La seconde. Dans les combats et dans les rencontres militaires les indigènes furent toujours facilement battus, parce qu'aux bonnes armes des Romains ils n'avaient à opposer que des pierres et des flèches. Cependant leurs insurrections se renouvelèrent sans cesse, et ils minèrent tous leurs dominateurs. Actuellement les indigènes ont le fusil, la poudre, comme nous, et aucune armure ne nous garantit de la balle. Nous avons donc plus de difficultés à vaincre que n'en eurent les Romains, et ce doit nous être une raison de plus pour ne pas calculer nos projets sur l'espoir d'une soumission absolue et durable.

En dernière analyse, il paraît impossible d'admettre au point de vue de la *soumission absolue*, que la demande d'une immense armée soit justifiable, puisque cette soumission n'est ni probable, ni indispensable, ni même un moyen suffisant tant qu'on n'enverra pas de France des colonies tout organisées. En outre, et l'expérience et le mémoire du général représentent le fait d'une immense armée comme pouvant être une circonstance dangereuse, car il excitera toujours bien plus à faire de la guerre et de l'industrie précaire, qu'à faire de la véritable colonisation et de la politique civilisatrice.

L'histoire des croisades et de l'établissement des croisés dans quelques villes de la Palestine et de la Syrie, présenterait encore des enseignements précieux. On y verrait d'immenses armées faire tout plier devant elles, mais se consummer rapidement par la guerre, par les maladies, par la misère; on y verrait les commerçants de Gènes, de Venise accumuler d'immenses bénéfices, et s'approprier les richesses, tant celles conquises que celles particulières des croisés, en vendant cher à ceux-ci les objets de première nécessité; on y verrait les guerriers croisés, pour subsister et se maintenir, ne savoir faire que de la force, des razias et enlever les bestiaux et les grains du pays ; on y verrait les anciens chrétiens indigènes voulant comme par le passé continuer leur culture diffuses et en plein pays, forcés par les courses de l'ennemi à les abandonner, se réfugier dans les villes conquises dont ils viennent augmenter l'embarras et la pénurie ; enfin, lorsque cessa l'envoi européen de fréquents et immenses renforts militaires, lorsque cessa l'arrivage du commerce qui n'apercevait plus de bénéfices assez grands pour s'occuper de ce pays, l'on y verrait ces guerriers, qui n'avaient rien su fonder, disparaître entièrement, bien plus sous les coups de la misère que sous ceux de leurs assaillants. C'est qu'on ne fonde rien par la guerre, les pillages, les massacres. La politique, l'intelligence, la sagesse d'organisation, soutenues par une force imposante qui comme dernière raison se tient toujours sur le second plan, peuvent seules créer une œuvre stable, douée de la faculté d'accroissement et de fusion, origine incontestable d'une véritable puissance. — Il existe bien un autre moyen ; celui d'une extermination absolue. Mais qui oserait le proposer ? qui se chargerait de son exécution (1) ?

(1) Bien des personnes d'un talent incontesté ont depuis longtemps émis l'avis que la colonisation pouvait et devait marcher indépendamment de la soumission de la régence. Parmi elles nous saisissons l'occasion de citer le capitaine du génie Grand, officier d'une haute espérance, frappé à mort à côté de nous en même temps que le brave Richépanse, à l'attaque de la porte Bab-el-Djedid de Constantine, lors de la première expédition. Ce furent deux grandes pertes pour la France.

Septième observation. — *L'armée.* — Quelle doit être la force de l'armée nécessaire pour assurer l'œuvre de la colonisation en Algérie ? — La réponse ne peut pas être absolue ; elle doit être relative au mode de colonisation que l'on voudra adopter, à la quantité de colons que l'on pourra annuellement se procurer, à la vitesse que l'on voudra mettre, vitesse qui ne devra jamais excéder celle du recrutement de colons. Ainsi, pour se rendre maître d'une place de guerre, l'on peut à la rigueur espérer de l'enlever de vive force, si on a une armée excessivement nombreuse qui ne craigne pas, et pour laquelle on ne craigne pas les pertes. Mais si l'armée dont on dispose est moyenne, si on veut la ménager, si on ne veut rien donner au hasard, on l'emploie à se créer des petites forteresses successives, qui l'une sous l'appui de l'autre marchent progressivement et invariablement vers la place, ouvrent son enceinte par leur canon, et permettent enfin de joindre et de combattre corps à corps une garnison déjà épuisée par les fatigues, les dangers et les privations. De ces deux méthodes, l'auteur semble avoir préféré la première. Il veut tout conquérir, tout soumettre à la fois, d'une manière irrévocable. Conséquent avec lui-même, il demande une immense armée, et par l'emploi que son système lui destine, il ne lui épargne point les pertes.

Le chiffre de l'armée que désire l'auteur, peut être regardé comme indéfini. Il demande d'abord en troupes nationales quatre-vingt mille hommes ; il leur adjoindra le plus possible d'indigènes, payés à 15 francs par mois. Il demande ensuite qu'une loi autorise grand nombre de soldats des régiments restés en France, et devant encore plusieurs années de présence sous les drapeaux, à venir achever comme colons militaires ce temps en Algérie ; il les employera accidentellement, soit dans des expéditions de guerre, soit à faire garnison sur certains points ; il demande enfin que l'on transporte en Algérie le plus possible des régiments servant en France pour former un corps d'armée auxiliaire. Ainsi l'armée en Algérie se composerait d'une armée de quatre-vingt mille nationaux, d'une armée indigène indéfinie, d'une armée permanente de nationaux indéfinie, d'une armée auxiliaire de nationaux aussi indéfinie. Toutes ces troupes pourraient aisément dépasser deux cent mille hommes. — Cela présente plusieurs graves difficultés.

Supposons que la France vienne subitement à avoir besoin de toutes ses forces, elle devra rappeler de l'Algérie, avec promptitude, un nombre considérable de ces bataillons. Mais les navires de transport peuvent être insuffisants, la tempête peut les briser, les vents peuvent longtemps s'opposer au départ, les ennemis peuvent avoir intercepté toute communication par de très fortes escadres avant la déclaration de guerre, le général de ces troupes peut refuser d'obéir à l'ordre de les renvoyer. — La France veut-elle courir ces dangers ? — Il y a tels événements qui ne sont pas probables maintenant, qui le deviendraient si tant de forces, l'élite de nos forces, étaient ainsi placées outre-mer.

Est-il d'un bon calcul politique de mettre une si grande armée à la disposition d'un général investi, en ce qui la concerne, de tous les pouvoirs de gouverneur et de tous ceux que les lois donnent dans certaines circonstances ? — Car ce n'est pas là une armée agissant près d'une frontière territoriale; c'est une armée isolée de nous, couverte par la mer, ayant à sa disposition un royaume inabordable, muni de tout ce qu'il faut pour la guerre. — Qui saurait deviner quelles fascinations ce général pourrait exercer, quelles nouvelles il pourrait répandre, quelles alliances il pourrait accepter ? — Peut-être quelques personnes voudront-elles rejeter bien loin la prise en considération de semblables dangers ; mais, en thèse générale, elles feraient une faute ; pareille confiance, en principe, ne nous est plus permise. Depuis tantôt un demi-siècle, les évènements nous ont trop appris à craindre. Et, du reste, n'est-ce pas être en harmonie avec la moralité que des lois trop défiantes nous ont faite ? Que l'on étudie, en premier lieu, les précautions qu'elles prescrivent dans les formes de comptabilité. Pour la plus minime dépense, elles demandent les signatures de plusieurs témoins. Il n'y a plus un seul homme dont elles admettent la parole en balance avec un centime. Au point de vue de la morale publique, quelle est donc la sentence qu'elles gravent sur le fronton de leur temple ? — La voici : — « Probité, tu n'es qu'un vain mot. Homme, qui que tu « sois, nous te déclarons sans bonne foi aucune. » — Et les hommes de plus en plus finissent par obtempérer à la sentence. Pourquoi s'entêteraient-ils à ne pas être fripons, puisqu'alors on en rirait comme de dupes ? A moins, toutefois, qu'ils ne se souviennent qu'ils auront à compter avec Dieu. Mais la loi répudie ce compte-là : ne se qualifie-t-elle pas athée ? Du manque de loyauté pour actions financières au manque de loyauté pour toutes autres actions, la pente est bien glissante. Aussi de quelles défiances les mêmes lois ne poursuivent-elles pas les dépositaires du pouvoir ; car pourquoi ceux-ci, plus qu'elles, croiraient-ils à la loyauté? De cette dénégation officielle de foi aux hommes, est née chez les hommes l'incrédulité de foi à eux-mêmes; de là à la croyance absolue en l'égoïsme ils n'ont plus eu qu'un pas, et le matérialisme, fils de cette croyance, nous a dominés. Voilà ce qu'on a gagné à substituer un ordre matériel orgueilleux, prétendant tout prévoir, à l'ordre intellectuel de la pensée religieuse, en commençant par saper la religion elle-même. Mais il est si commode pour la conscience des ambitieux de n'avoir foi en rien, que l'on comprend sans peine la naissance et le succès de telles maximes. — Qu'on ne nous prête pas la moindre défiance actuelle; d'avance nous la nions formellement. Mais nous raisonnons d'après la moralité officielle telle que des lois de défiance nous l'ont faite. Le gouverneur actuel n'est point immortel; il n'est point irrévocable; sa volonté peut à chaque minute le ramener en France, car il l'a dit lui-même, *il ne veut pas s'éterniser en Afrique*. Sait-on qui le remplacerait? Le rôle de Monk n'a-t-il pas tenté plus d'un Pichegru ? Si une trop nombreuse armée est indispensable en Algérie, il n'y a qu'une seule solution qui puisse anéantir tant de doutes; il faut la confier à un prince du sang, et cela serait la conclusion vraie, quelle que fût la dynastie qui régnât en France. C'est un raisonnement général, absolu, indépendant de toute acception de personnes (1).

L'auteur dit : « *Après avoir fixé le chiffre nécessaire*

(1) MÉRIMÉE.—*Essai sur la guerre sociale*, p. 83. — Il n'y a qu'un général qui puisse accomplir une révolution.

pour parer aux éventualités du Continent, il faut y ajouter tout ce qui est indispensable en Algérie..... C'est seulement une question de RECRUTEMENT. » Or, d'après lui de quoi se composerait cette force indispensable en Algérie ? D'une armée de quatre-vingt mille hommes, plus de l'armée permanente formée de soldats enlevés à tous les régiments du Continent, et devenus tout à la fois colons et soldats mobilisables. Ce serait donc cent mille hommes, peut-être, dont il faudrait augmenter le recrutement annuel. Ainsi chaque année verrait cent mille familles de plus privées de leurs enfants. Mais cent mille hommes, vu ces courses et ces travaux continuels auxquels on les destine, et dont nous avons déjà signalé les conséquences funèbres, donneront bien plus de morts que n'en donnaient les vingt-neuf mille ou les quarante-mille hommes des anciens gouverneurs. Donc par cette question de recrutement *seulement*, chaque année verrait une augmentation de cent mille familles dépouillées de leurs enfants, et une augmentation très nombreuse sur le nombre des familles jetées journellement dans le deuil; cette question est donc bien loin d'être facile. Avant de multiplier ainsi les funérailles, il faudrait être bien certain qu'il n'y aurait pas de système moins déplorable pour atteindre le but à désirer; ce but à désirer lui-même, il faudrait bien savoir, bien examiner, au fait, ce qu'il doit être; il faudrait enfin le fixer; car, vérité bien triste à dire, c'est la chose d'Afrique à laquelle tous ont le moins pensé, et chacun le met où il veut. Il est plus que probable que la France refuserait une telle surchage de recrutement et de mortalité; qu'elle demanderait que l'on fixât invariablement le but prochain vers lequel on doit d'abord marcher; qu'elle adhérerait volontiers à tout ce qui peut faire de l'Algérie le moyen, pour elle, de parvenir à se délivrer progressivement du paupérisme ; mais qu'elle regarderait comme un moyen trop à la Malthus, de contrebalancer son augmentation annuelle de population par une grande mortalité de ses soldats; ceux-là seulement doivent être exposés aux causes inévitables de cette mortalité malheureusement trop fréquente, qui n'ayant rien pour subsister, auront en compensation s'ils résistent, la certitude de devenir possesseurs d'une petite fortune apte à leur donner le bonheur de la famille. Mais l'armée, elle, ce qu'elle doit donner, c'est la protection militaire et rien que cela. Cette tâche est déjà bien assez fertile en funérailles. Ce que l'on doit s'efforcer de trouver, c'est un plan qui les réduise le plus possible, et qui assure, au moyen de colonies composées de bras vigoureux, partant toutes formées de France, des résultats indélébiles de colonisation doués virtuellement de la faculté d'accroissement. La gloire militaire à acquérir en Algérie par la France, n'est ni grande ni fréquente; ce n'est pas celle-là qui l'illustrera dans l'histoire future. Le mérite incontestable dans ces expéditions est pour les soldats, pour les simples officiers marchant à pied, présents partout; et, si l'on en doute, que l'on compare proportionnellement le chiffre des blessés, des tués et des morts fourni par eux au chiffre de même espèce fourni par les officiers supérieurs ou généraux. Ce n'est pas que ces derniers ne soient braves autant qu'eux; mais c'est la nature de cette guerre, sans boulets ennemis, sans infanterie voulant tenir, sans cavalerie osant charger à fond, qui le veut ainsi; tout bon chef de bataillon aurait suffi pour mener à bonne fin, la presque totalité des expéditions qui y ont été faites. La gloire que la France doit envier devant les siècles, c'est d'avoir civilisé promptement, avec intelligence, sans méfaits reprochables, toutes ces contrées. Son véritable moyen pour y parvenir, c'est la conquête progressive par une colonisation solide, inhasardée. Son bénéfice de tous les jours sera de se délivrer progressivement du paupérisme. Pour tout cela un bon plan, un bon système, n'exigeront qu'une armée moyenne. Mais quelle gloire la France réclamerait-elle auprès des générations futures, auprès des nations actuelles, auprès de sa propre conscience, si pour civiliser elle commençait par tout exterminer, en admettant toutefois que cette extermination fût possible. Sa propre opinion sur les anciens Espagnols massacrant les Mexicains peut lui répondre d'avance, tandis que la chute progressive, rapide, effrayante de l'Espagne depuis ces massacres, peut lui offrir nouvelle matière pour réfléchir sur ce que doit être la justice de Dieu.

Ces considérations générales doivent être pesées avec grand soin, car elles sont d'une haute importance. La France peut-elle se priver d'une immense fraction de ses forces militaires ? Peut-elle, en principe absolu, dans ce pays à part, confier sans crainte une immense armée à un de ses généraux revêtu de tant de pouvoirs; elle n'ignore ni la révolte du comte Gildon, ni celle du comte Boniface, anciens gouverneurs généraux pour Rome sur cette même terre ? Peut-elle augmenter impunément la quantité de jeunes bras dont chaque année elle dépouille ses familles; ces jeunes bras, elle le sait, ne sont jamais éléments actuels du paupérisme, et fort souvent ils défendent leurs vieux parents contre les atteintes de ce fléau? — C'est à elle, représentée par le gouvernement, à peser et à juger. Entre une réponse et une autre il peut y avoir la vie ou la mort.

L'auteur affirme qu'avec l'armée qu'il demande, la domination deviendra complète; que la colonisation prospèrera; que l'Algérie sera une richesse pour la France. Le 19 juillet 1836 le maréchal Clauzel, dans un mémoire au ministre, en promettait autant. « *Pour dominer la régence entièrement, pour y terminer la guerre, organiser le pays, le livrer à la colonisation et à la civilisation, il ne me faut*, disait-il, *que trente mille soldats français et cinq mille indigènes soldés par la France seulement pendant une année.* Avec cela il allait terminer la question; on le crut sur parole en Afrique; toute la population civile le portait aux nues; elle le nommait l'*Homme Colonie.* Plusieures brochures laudatives des opérations de l'époque, dont les auteurs désireraient peut-être bien qu'il n'existât plus aucun exemplaire, apprenaient à toute la France que rien chez elle n'était ni si bien cultivé, ni si prospère. — Qu'en est-il arrivé de ces promesses du maréchal Clauzel, qui eut à peu près ses trente mille hommes? — La France le sait. — Or, le maréchal Clauzel était pourtant un homme d'un haut mérite de guerre; pourquoi le gouverneur actuel ne se ferait-il pas illusion comme lui.

Mais avec les trente mille hommes du maréchal, y avait-il moyen de donner une bonne base, un bon commencement à la colonisation? Nous répondons hardiment *oui.* Il ne fallait pas penser à dominer la régence entièrement: il ne fallait pas tout sacrifier pour tenter de faire la fortune de Beys qui ne nous auraient été que des embarras de plus s'ils eussent pu commencer ; il ne fallait pas tolérer ces cultures diffuses et conviant la foudre, éparpillées à la Ras-Outa, à Bou-Farik, et sur autres points éloignés. Il fallait obtenir de France des colonies tout organisées en homme ; il fallait les placer, en les retranchant et en les couvrant, dans l'Atlas en face d'Alger, dans l'Idoukr auprès de Bone. Il fallait porter tout ce qu'on avait de moyens, de ressources, de forces, vers ce but ; il fallait y consacrer journellement toute son imagination, toutes ses pensées. Nous ne saurions en faire doute ; des établissements solides de colonisation eussent dès ce moment été fondés ; ils eussent augmenté ; ils eussent prospéré ; la politique avec Abd-el-Kader eût pris une autre direction. La guerre de sa part eût peut-être continué, mais elle n'eût point suspendu un seul instant la marche de nos colonies constamment envahissante ; et quelquefois, à de rares intervalles habilement choisis, elle eût pu lui valoir de rudes atteintes, telles qu'une surprise de nuit de Médéah, sa résidence, qu'on eût immédiatement détruite en entier, habitations et habitants.

Le système de l'auteur se compose de plusieurs parties qui toutes se relient une à une avec sa demande de troupes. Donc, si on n'accordait que les quatre-vingt mille hommes, on ne serait pas en droit de lui demander tout ce que son mémoire présente de résultats derniers. Il aurait toujours à répondre qu'avec ces quatre-vingt mille hommes il en demandait beaucoup d'autres.

Nous avons examiné déjà plusieurs des raisons pour lesquelles l'auteur demande une immense armée, et nous ne pensons pas qu'on soit resté convaincu de leur valeur. Ainsi, demander une armée immense en Algérie, parce qu'elle distribuerait des capitaux aux colons actuels et aiderait en même temps ceux-ci à se dégrever de leurs hypothèques ; parce qu'elle augmenterait le revenu fiscal des douanes ; parce qu'elle exécuterait sans rétribution, au prix de maladies mortelles, des routes, des ponts, des aqueducs, des canaux d'assainissement pour tout le monde ; parce qu'elle défricherait de jour en jour de nouvelles terres insalubres, et bâtirait des nouveaux villages pour en faire des cadeaux à tout nouvel arrivant ; demander pour ces causes, disons-nous, une armée nombreuse, non seulement ne saurait paraître admissible, mais, au contraire, amènerait plusieurs fois à conclure qu'il faut diminuer l'armée actuelle. On ne saurait non plus partager l'espoir de l'auteur sur l'obtention et le maintien d'une soumission absolue des tribus ; car il est bien des raisons qui toutes démontrent que cette soumission ne serait qu'éphémère ; que par suite toute colonisation, demandant sa sécurité à une parfaite soumission, serait éphémère aussi. Nous avons répété que la soumission absolue n'est nullement indispensable, et que l'on peut obtenir une colonisation vigoureuse, indélébile, prospère sans qu'il soit besoin d'une armée au dessus d'une force moyenne. Ces considérations détruisent toute croyance au besoin d'une armée immense, et ce qui doit le plus frapper les esprits, c'est l'effrayante consommation d'hommes qui résultera, par les maladies, du régime de travaux et de courses continuels imposé à cette armée.

Faudrait-il donc diminuer immédiatement l'armée ? — Si son maintien au chiffre actuel ne doit avoir d'autre résultat que de marcher dans les idées du mémoire, autant vaudrait-il répondre *oui*; on y gagnerait tout à la fois, et la certitude de perdre moins de monde, et l'espoir de voir adopter des idées plus solides de colonisation. Mais, au contraire, si on prescrivait un plan plus assuré, plus indubitable de colonisation, conserver pendant quelque temps encore l'armée à son chiffre élevé, serait un bien, vu toutes les positions avancées et excentriques où nous nous sommes jetés; car, fait très remarquable, tous les gouverneurs, au fur et à mesure que leur armée s'est accrue, au lieu d'en profiter pour baser et affermir la colonisation, se sont empressés de nous mettre dans une situation plus difficile. Or, quel est l'élément le plus indispensable à la colonisation? c'est la sécurité de tous les instants. Pour l'obtenir, on avait proposé d'immenses retranchements continus, pour la Métidja par exemple. Un examen approfondi les démontre dangereux. L'auteur les repousse, ainsi que nous les avions repoussés déjà. Mais à cette grande circonférence de fortification l'auteur veut substituer une circonférence démesurément plus grande, formée par des bataillons et par *la terreur*. Trop de doutes s'élèvent contre l'infaillibilité d'un pareil moyen, pour qu'on puisse l'admettre comme gage assuré de la sécurité. En outre, par sa nature même, sa durée ne peut être qu'éventuelle, et son maintien momentané serait d'une cherté des plus douloureuses. Mais le grand retranchement, réduit à des dimensions plus praticables, suffirait pour envelopper efficacement ses défenseurs, leurs habitations, les terres de leur culture. A son intérieur il y aurait donc sécurité et exploitation convenable de la terre. Que ce groupe colonial retranché devienne l'unité dans le système de la conquête, comme le bataillon est l'unité dans une armée, alors, en combinant entre elles, avec intelligence, un nombre toujours croissant de ces unités, on sera assuré de marcher progressivement, sans éventualités aucunes et sans crainte de rétrograder jamais. L'armée résidera dans certains de ces cantons retranchés, et couvrira les autres, qui seront habités et défendus par les colonies venues toutes formées de la métropole. Quant aux retranchements, aux locaux, et même aux autres travaux, on pourrait, si on le voulait fortement, les faire exécuter, en grande partie, par des ateliers formés avec les hommes *valides* de la mendicité de France, cette mendicité que la sûreté générale, la morale publique et les lois proscrivent également (en France, la mendicité est le cent soixante-sixième de la population totale, le huitième du paupérisme; elle présente trente mille individus *valides* des deux sexes, et soixante-seize mille enfants). Puisque pour s'établir, pour coloniser, pour défricher en Algérie, il faut absolument *recruter pour la mort*, au lieu de prendre ceux qui sont la force de la patrie, faisons porter le recrutement inévitable sur ceux qui sont une de ses maladies, et qui relativement auront au moins de bonnes chances d'avenir. Or, avec le système précédent, maintenir momentanément le chiffre actuel de l'armée, serait utile, parce qu'en arrière d'elle on pourrait de suite créer plusieurs de ces unités de colonisation, et échapper à l'inconvénient de se replier trop vite; mais ce serait à la condition irrévocable de la laisser diminuer progressivement, sans plus songer à la tuer par des courses longues et incessantes, ou par de continuels défrichements de terre. Ainsi l'on diminuerait dans son sein les causes du recrutement pour la mort. Un autre moyen de le diminuer est de rendre l'armée permanente en Algérie et de l'établir par stations permanentes, car peu à peu elle ne se composerait plus que de soldats acclimatés; et, comme nombre de ces hommes désireux de devenir propriétaires et pères de famille resteraient trente années sous les drapeaux, la diminution annuelle de congés définitifs qui en serait la conséquence, diminuerait le supplément de recrutement militaire que l'Algérie imposera très-longtemps à la France. L'auteur rejette cette idée de permanence de l'armée en Afrique sous le prétexte qu'un roulement forme des jeunes officiers. *La solution de la question de l'Algérie* a répondu d'avance ; et de plus elle a rendu facile le roulement réciproque des jeunes officiers de la métropole et de la colonie. Mais acheter cette instruction pratique, si peu importante pour les grandes guerres d'Europe, au prix d'une mortalité par les maladies aussi élevé, ne serait-ce pas aller au-delà de tout ce que des spéculations militaires peuvent permettre ? En Algérie les officiers acquièrent le mérite des pénibles et bons services rendus ; c'est beaucoup. Mais ils y gagnent peu d'instruction et même d'expérience militaires pour un autre théâtre de guerre. Peut-être même y prennent-ils trop l'habitude de méthodes très bonnes contre des Arabes, mais qui coûteraient bien cher si elles étaient répétées en Europe. — L'armée est la première force du pays ; elle tire une haute considération personnelle des lois même qui l'ont créée ; cette considération, elle la soutient par son abnégation et sa bravoure. Les tendances oligarchiques voudraient l'abâtardir, la fouler aux pieds, la regarder comme composée de *capite censi*, trop heureux du morceau de pain donné par l'Etat pour les corvées et le servage de la glèbe qu'elles exigeraient d'eux. Cela se comprend très bien de la part de l'oligarchie qui voudrait s'imposer à la nation ; mais cela ne saurait être ; le gouvernement ne le permettrait pas. Que les chefs secondaires de l'armée, tout illusionnés qu'ils soient par le désir de voir l'Algérie en rapport, n'intervertissent donc pas les rôles entre les diverses parties de la population; qu'ils laissent aux colons à défricher les terres à leurs risques et périls ; qu'ils ne sèment pas la mort à pleines mains dans l'armée en l'employant à des assainissements et des défrichements successifs pour le profit de ceux qui ont su se former des capitaux. Maintenir momentanément la forte armée actuelle peut être rationel, *mais c'est à condition de restreindre l'emploi qu'on propose d'en faire.*

Peut-on établir en Algérie une colonisation forte, durable, douée virtuellement de la propriété d'accroissement, sans avoir besoin d'obtenir préalablement la soumission des tribus ? Nous répondons oui. — L'auteur répond absolument de même dans ce passage de son mémoire : « *A mon avis nous aurions du faire marcher l'établissement des colonies militaires de front avec la guerre.* » — Cette soumission n'étant point une nécessité, une armée de force moyenne peut-elle suffire ? Oui. — Si donc on maintient en Algérie une armée aussi nombreuse que celle actuelle, que ce soit momentanément et pour parer à cette fausse position que nous ont faite successivement les lointaines occupations des gouverneurs.

« *Nous n'avons pas assez songé à gouverner les*

Arabes, » dit l'auteur du mémoire. — Que n'est-ce une réalité ! — Nous n'y avons que trop songé au contraire, et c'est ce qui a envenimé tant de relations. Le mode le meilleur pour notre intérêt de gouverner les Arabes, eût été de ne pas nous occuper d'eux. Cela maintenant est devenu plus difficile ; mais il faut s'en rapprocher le plus possible. Etablissons nos groupes coloniaux retranchés tant militaires que civils ; augmentons leur nombre peu à peu sans préoccupations exérieures, sans nous embarrasser autrement des Arabes que pour répandre chez eux le plus possible d'instruction et d'idées, et la nationnalité arabe ira se dissolvant et s'évanouissant. Tel le germe d'un jeune arbre apporté de loin par les vents dans la fissure d'une forte muraille, se développe et répand successivement ses racines ténues entre toutes les assises ; pleines de vies elles grossissent et se prolongent peu à peu victorieuses de toute cohésion, et ces pesants blocs de pierre, qui dans leur inertie semblaient défier les siècles, écartés les uns des autres, tombent et vont rouler sur la terre qu'ils dominaient.

Pour soutenir sa demande d'une armée immense, l'auteur ajoute. *Je dis à la France : vous avez voulu la conquête* ALORS QUE JE NE LA VOULAIS PAS ; *sachez en supporter les conséquences ;..... toute les fois que vous vous récrierez sur les charges qu'elle vous imposera, ne suis-je pas en droit de vous dire :* VOUS L'AVEZ VOULU. — Le débat étant directement entre l'auteur et la France comme entre deux puissances de même ordre, nous nous garderons d'aller nous faire écraser. Mais si dans ce grand conflit la France manœuvre comme Luxembourg, *dont la bosse valait trente mille hommes*, nous pensons qu'elle sortira victorieuse du dilemme sous le joug duquel l'auteur veut la faire passer.

HUITIÈME OBSERVATION. — *Guerre européenne.* — L'auteur dans de fréquents passages de son mémoire, semble être convaincu que de grandes prises d'armes sont imminentes en Europe. Qu'en sera-t-il? Le deviner est impossible; les probabilités, comme la raison sociale, repoussent cette guerre européenne qui, véritable guerre civile entre les puissances guidées par la Croix, produirait un horrible fléau, pire que celui des guerres civiles chez un peuple. Mais cette guerre est possible; la prévoir est rationnel; s'organiser en Algérie comme si on devait avoir à lui résister demain, est indispensable. Quels moyens l'auteur emploie-t-il pour la braver? L'auteur n'en recherche que deux : *aller très vite dans l'exécution des opérations entreprises pour obtenir la soumission des Arabes; aller très vite dans l'opération de défricher des terres pour les livrer à la culture.* Or, ce projet de l'auteur, malheureusement exige en Europe une paix pour ainsi dire perpétuelle, et tombe devant les éventualités d'une guerre prochaine. En effet, admettons que tant par une grande armée constamment entretenue, que par la terreur qu'elle inspirera on obtienne une soumission forcée des indigènes, l'auteur prouve lui-même dans dix passages, que cette soumission leur pèsera toujours comme un remords aigu sur le cœur, qu'ils saisiront toujours, dès qu'elle se présentera, l'occasion de se révolter. Or, supposons qu'une grande coalition nous presse en Europe, que nous ayons en premier lieu à sauver la métropole, que la victoire, ne fût-ce que sur mer ait compté contre nous, sans entrer dans aucun autre détail, il est évident qu'en un clin d'œil toute l'Afrique (nous ne disons pas seulement l'Algérie) se lèvera contre nous comme un seul homme. Ces indigènes n'ont pas oublié les coutumes de leurs ancêtres au temps des dominations romaines et carthaginoises, et si l'on en faisait doute, qu'on se souvienne comment ils concoururent au renversement des Turcs, dès que le drapeau français flotta sur les remparts d'Alger. L'auteur lui-même reconnaît cette vérité lorsqu'il dit : « *C'est le commerce qui soumettra les Arabes; lui seul pourra nous attacher les populations.. Chaque Arabe qui s'enrichira deviendra notre partisan.* » Mais un tel moyen demande des siècles pour produire une alliance vraiment indissoluble; les populations chrétiennes et civilisées de la Lorraine et de l'Alsace ont mis cent ans à s'assimiler à la France; la République et l'Empire ont passé sans s'être attaché le Palatinat et les Pays-Bas. La durée de la soumission des Arabes ne tiendrait donc pas contre le choc de la moindre guerre européenne. Qu'on propose de poursuivre cette soumission précaire uniquement comme moyen de créer plus aisément et plus promptement en arrière d'elle une colonisation *solide*, ce serait plus rationnel quoique en réalité ce fût inutile et dangereux. Mais ce n'est pas le plan de l'auteur. La soumission absolue est pour l'existence de ses cultures sans défense propre, ce que le cheveu de Samson était pour l'existence de sa force. Cette soumission détruite, sa colonisation l'est aussi; en effet de quoi veut-il la composer? de terres défrichées par l'armée, livrées au fur et à mesure à des colons nouveaux venus, laissées abordables de plain pied par tout ennemi qui se présentera. Quelques petits villages crénelés surgiront bien de loin en loin, comme réduits des cultivateurs éparpillés fuyant devant des partis ennemis ; mais le seul mot *village* peint la faiblesse de l'objet. Ce sont de grandes places de guerre et non des villages qui neutralisent les invasions. Pour qu'une colonisation si découverte pût résister par elle seule contre les Arabes révoltés que ne contiendraient plus de gros bataillons, il faudrait qu'elle présentât une population nombreuse, condense et habile dans les armes. Mais avant que celle-ci parvienne à dix-huit cent quarante habitants par lieue carrée comme dans les départements du Rhin ; avant qu'on ait seulement cent lieues carrées, ce qui n'est qu'un carré de dix lieues de côté, ainsi peuplées, en colonisant suivant les procédés de l'auteur, il faudra des siècles. Donc en considérant uniquement le mal que pourraient faire les Arabes, la colonisation proposée n'est point gardée contre une guerre européenne ; car au moindre bruit de celle-ci beaucoup de troupes seront rappelées en France ; le recrutement de celles restées pour l'occupation sera suspendu ou négligé ; la révolte gagnera tous les Arabes ; les cultures en plein vent seront anéanties ; les petits villages seront bloqués jusqu'au moment de leur chute nécéssitée par la famine. Si au contraire, on n'eût pas tout basé sur la soumission des Arabes, si les cultures eussent été circonvallées comme le propose LA SOLUTION DE LA QUESTION DE L'ALGÉRIE, les mêmes évènements se présentant, les mêmes conséquences mortelles ne s'en fussent pas suivies ; car les colons eussent toujours continué leurs récoltes, leurs semailles, et par cela même la famine ne les eût jamais domptés. Alors les chances de l'avenir fussent toujours restées pour eux, et la moindre victoire des armées françaises les eût retrouvés, même après plusieurs années, n'ayant pas rétrogradé d'un seul pas.

Mais la guerre européenne peut se présenter avec des moyens plus actifs encore que ceux que nous avions admis dans l'hypothèse précédente. La Russie, la Turquie, l'Egypte, l'Autriche Italiennne, la Hollande, l'Angleterre, ont de nombreux vaisseaux. Si une forte réunion de ces marines se concentrait dans la Méditerranée, pourquoi n'y dominerait-elle pas? Pourquoi ne jetterait-elle pas une armée de débarquement sur la côte Algérienne? Les anciennes craintes sont disparues; 1830 a brisé ce vieux prestige de terreur dû à la destruction complète de l'armée de dom Sébastien et à la fuite de Charles-Quint, qui protégeait la Barbarie contre une invasion chrétienne; les côtes et le pays sont bien connus maintenant; ce ne sont donc pas ces raisons qui militeraient contre le projet d'une telle tentative. Ce qui pourrait militer pour le faire rejeter, ce serait l'examen des difficultés à surmonter. Or, le système proposé par l'auteur fait juste tout ce qu'il faut pour les effacer. L'armée envahissante, ayant dans les premiers temps les indigènes pour auxiliaires, trouverait de suite de bonnes routes dans tous les sens; elle trouverait une campagne ouverte et cultivée; elle trouverait des villages crénelés, dont quatre coups de canon lui ouvriraient les portes, et qui deviendraient pour elle des dépôts de malades, de blessés et de munitions; elle y trouverait quelques ressources en vivres. Enfin, lorsque le moment lui paraîtrait opportun pour mettre le siège devant Alger, Oran ou Bone, appliquant les lois habituelles de la guerre, elle trouverait sous sa main tous les colons des champs qu'elle contraindrait à travailler aux retranchements et aux lignes. Pour prévenir tous ces maux qu'aura-t-on pu tenter? On aura cherché à s'opposer au débarquement, à rejeter l'ennemi dans la mer; mais cela ne réussit pas toujours; les Français peuvent se souvenir, comme expérience en ce genre, qu'ils furent battus par l'ennemi débarquant en Egypte, par l'ennemi débarquant à Sainte-Euphémie, par l'ennemi débarquant à Vimeiro, et pourtant les bataillons ainsi battus étaient composés des vieux soldats de la République et de l'Empire. Ainsi tout le salut de la colonie aura été livré en entier aux chances d'une première bataille, à laquelle l'ennemi sera toujours maître d'amener plus de bataillons que nous! — Le projet développé par l'auteur ne prépare donc aucune ressource pour parer aux conséquences d'une guerre européenne. — Mais, au contraire, si l'on ouvrait le moins possible de routes; si les plaines étaient maintenues inhabitées, broussailleuses, marécageuses, pour les rendre impraticables à l'ennemi; si l'on adoptait l'idée des groupes de culture fortifiée; si ces groupes étaient placés dans les montagnes; si chaque colon était tenu de donner par jour une heure de travail aux retranchements de ces groupes coloniaux pour les transformer de plus en plus en véritables places de guerre; si Alger, Bone, Oran, n'étaient que des têtes de pont, et si les capitales des provinces étaient placées dans les montagnes; si, au lieu d'aller attaquer l'ennemi encore frais, on le laissait se fatiguer et se morfondre, pour le harceler et l'attaquer plus tard; que ferait l'armée envahissante? — La réponse n'est pas aisée. — Cette seule incertitude suffirait souvent pour faire reculer devant tout projet d'invasion.

Le système que nous rappelons, au premier aperçu, paraîtra difficile à exécuter. Mais si l'on y réfléchit avec soin, on verra que les obstacles sont bien plus aisés à surmonter qu'on ne l'avait d'abord pensé. La difficulté réelle est d'avoir en Algérie des colons pauvres, vigoureux, intéressés au succès. La matière s'en trouve en France dans la partie valide du paupérisme. *Il suffit d'une loi organisatrice pour la mettre en mouvement et en action*, et cette loi sera reçue avec acclamation par ces hommes même et par la nation.

La France dans une grande guerre peut être vaincue ; elle peut être contrainte à accepter des traités désavantageux ; ce ne serait pas la première fois depuis cent cinquante ans. Elle pourrait être amenée par ces traités à céder tous ses droits sur l'Algérie comme elle l'a fait pour l'Acadie, pour l'Inde, pour Sainte-Lucie des Antilles, pour l'Ile-de-France. Or si l'Algérie était organisée comme nous le proposons, cette cession ne suffirait pas pour la mettre aux mains ennemies. Ses habitants pourraient refuser d'y consentir ; ils pourraient dire aux étrangers : « La France nous abandonne, par cela même « elle nous délie ; vous voulez nous avoir, venez nous « conquérir. » La prévision d'une telle résolution suffirait probablement pour empêcher une coalition, même victorieuse comme à certaines époques funestes de notre histoire, d'imposer une telle condition.

Si l'on veut que la France ne sacrifie pas inutilement ses forces et son argent en Algérie, il faut qu'elle y fonde un établissement qui soit bientôt en état de résister par lui-même aux dangers qu'entraînera toujours une guerre européenne. Il le faut, car non seulement elle aurait sacrifié ses moyens, mais elle consentirait d'avance à sacrifier sa considération et son amour-propre. Cela constitue une condition à laquelle il est impérieusement exigé que toute solution satisfasse. Cette condition même est à elle seule une nécessité de naissance, de croissance et de durée. Or, rien dans le système de l'auteur n'y satisfait.

La paix qui règne en Europe maintenant existera-t-elle longtemps encore ? La loi de continuité, l'une des plus puissantes lois de la nature, semble le promettre. De toutes les causes de probabilités c'est la seule qui puisse être prise en considération maintenant; car les idées sont tellement vagues et superficielles en toutes choses, les passions sont tellement avides et inquiètes, les esprits pour être entraînés exigent tant qu'on leur présente pour unique appas des rêves de forfanterie et des déclamations fantasmagoriques, qu'il n'est aucune résolution, quelque folle qu'elle fût, qui puisse être d'avance déclarée improbable. Quant à la rationnalité lorsqu'on l'interroge, elle conseille aux nations européennes de conserver la paix entre elles, de resserrer de plus en plus les liens de cette unité civilisatrice fondée par la croix que toutes suivent comme unique bannière. La Société européenne par sa position géographique est en bataille contre toutes les contrées de la zone centrale de la terre. Quelle marche en avant avec sa haute résolution de restituer ces régions du soleil à sa morale, à la justice, à la culture, aux bienfaits de l'étude, qu'elle le fasse avec cette force invincible que donnent le calme, la persévérance, la bienveillance pour ceux que l'on vient modifier, elle procurera quotidiennement, par cette conduite, une plus grande somme de bonheur à tous ses enfants qu'elle ne saurait en promettre à quelques-uns du parti victorieux par une guerre civile. — Mais cette société, toute partagée qu'elle est en grandes familles s'est subdivisée en deux grandes sections. Dans l'une, les membres des familles confient leurs volontés individuelles à la volonté d'un seul; ils nomment cela *force et repos*. Dans l'autre, les membres conservant les volontés individuelles prétendent de leur combinaison faire sortir la meilleure volonté définitive; ils nomment cela *liberté et mouvement;* mais le premier résultat qu'ils en retirent est de rendre leur famille mécaniquement plus faible que celles qui, par une seule tête, se conservent l'avantage de l'à-propos, de l'initiative et de la persévérance. Cette forme de gouvernement *toute spéculative* dut son origine d'exécution sur grandes dimensions à la famille anglaise chez laquelle elle réussit. Mais si un immense fossé ne lui eut formé un boulevard infranchissable l'Angleterre fut devenue l'apanage d'autrui aux temps où ses plus mortels adversaires confiaient leur volonté toute entière à une unique volonté. La France, la Belgique, l'Espagne ont successivement suivi cet exemple sans s'inquiéter de l'élement de résistance qu'elles, puissances territoriales, sacrifiaient aussi bénévolément. Batteurs d'estrade aventurés de ces idées spéculatives en face des familles du gouvernement positif de l'unité, elles inquiètent incessamment celles-ci par de continuelles escarmouches de propagande. La conséquence rigoureuse en est pour ces trois familles, quelles doivent former un faisceau unique avec l'Angleterre, ou s'apprêter à perdre leur forme de gouvernement sous les efforts non divisés des familles de l'autre section. Vainement elles compteraient sur la propagande pour se créer des auxiliaires; si un jour cette propagande porte ses fruits ce ne sera qu'après que de grands succès des familles, fauteurs de la volonté unique, auront anéanti ces premiers partisans de la spéculation. Car n'est-ce pas ainsi que d'habitude les pensées conquièrent les nations, et n'est-ce pas en soumettant les chrétiens que les barbares ont appris à se soumettre au christianisme. Ainsi, le maintien si désirable de la paix chez la société européenne dépend des relations suivantes : les raisons qui pourraient altérer la paix ont toutes pour élément fondamental l'incompatibilité réciproquement mortelle innée entre les principes gouvernants; les moyens qui peuvent la rendre stable sont une forte cohésion dans chacune des sections sociales : la marche en avant de toute la société européenne vers la zone du sud produira les courants qui entraîneront les difficultés de détail.

Une alliance solide, basée sur une conformité de politique entre la France, l'Angleterre, l'Espagne et la Belgique, est donc tout à la fois le gage le plus positif du maintien de la paix européenne, et l'élément le plus irrésistible pour rétablir rapidement cette paix si elle était brisée quelque part en dehors de ces puissances. Voilà ce que donne le calcul établi froidement, indépendamment des passions de partis et des intérêts individuels. Mais la bonne intelligence avec l'Angleterre, tant de personnes déjà l'ont rendue si aigre, tant de personnes tendent à la renverser, qu'il paraît impossible de prévoir quel sera le résultat. Que la France s'isole de l'Angleterre, immédiatement elle se verra isolée de toutes les autres puissances également, et cet isolement absolu serait moins dangereux encore que l'alliance fortuite et momentanée avec l'une quelconque d'entre elles. Que la guerre éclate entre la France et l'Angleterre, et la France, de suite, trouvera partout des ennemis déclarés, sans aucun allié pour la secourir de bonne foi. Pourquoi ? C'est qu'il existe maintenant chez toutes les familles *de la force et du repos*, une répulsion, une certaine animosité individuelle et personnelle contre les Français *de la liberté et du mouvement*. Tel est le contrepoids de nos idées révolutionnaires libérales depuis cinquante ans. Restons donc en bonne intelligence avec ceux dont nous avons accepté *le compromis* pour les idées qui nous mettent au banc des autres nations. Eux, aussi, en ont besoin, car leur fossé n'est plus infranchissable, et notre chute, si elle arrivait, ne serait que le doigt de Dieu écrivant sur les murs du palais l'ordre de la ruine de Babylone. Les formes gouvernementales ont amené un nouvel équilibre européen ; à cet équilibre, tant qu'il sera observé scrupuleusement, sera due la paix de la société européenne ; à cette paix, à l'unité civilisatrice fondée par la croix qui la précède, aux besoins d'expansion de sa population et de son intelligence, cette société devra à son tour la réhabilitation de toute cette zone qui, déployée devant elle, languit dans l'ignorance et l'infécondité. Notre établissement en Algérie ne serait alors qu'une scène du grand acte que l'Europe se résoudrait à accomplir d'un commun accord. Mais tant de personnes demandent à grands cris la guerre, toutes désolées qu'elles seraient de la voir naître, et toutes espérant bien qu'elle ne naîtra pas, qu'au milieu de ces comédies il est impossible de prévoir ce qui arrivera. Certainement il existe chez bien des Français de vieilles, de justes, d'actives rancunes contre l'Angleterre; moi-même je ne le cède à qui que ce soit sur ce point. Les Anglais en nourissent d'égales contre la France. Mais devant de hauts motifs de moralité et de raison, les rancunes ne doivent-elles pas s'oublier ? Ne sont-ce pas les rancunes des rouges et des verts qui ont perdu l'empire de Constantin ? Ne sont-ce pas les rancunes des Guelfes et des Gibelins qui ont perdu l'Italie ? Faudra-t-il que la famille des gouvernements de l'intelligence et de la liberté s'expose pour ne pas avoir su oublier réciproquement les siennes ? En face d'un si grand péril deux nations fortes peuvent s'entendre, même en se montrant respectivement très intéressées, sans qu'il soit nécessaire de s'injurier. Au temps d'Homère les héros s'insultaient avant de se combattre; des peuples alors s'entredétruisaient pour une courtisane. Au temps des haines de sauvages, on consentait, comme le Malais, à périr pourvu qu'on eût la certitude de voir périr son ennemi; on concevrait une telle résolution comme refuge dernier de l'honneur; mais à une époque de civilisation il est toujours possible de faire rejeter par les deux parties cette funèbre alternative. Bien des gens maintenant veulent sans cesse jeter le gant à toute l'Europe; ils se fondent sur les victoires de l'empereur, comme en 1700 on se fondait sur les victoires de Condé, de Turenne, de Luxembourg; mais on oublie que dans chacun de ces siècles la France perdit la dernière partie D'UN QUITTE OU DOUBLE INCESSANT, auquel elle ne pouvait se soustraire. La politique de 92 devait toujours amener un 1814 peu éloigné plus ou moins rapproché suivant les circonstances; sans Napoléon ce 1814 fut arrivé dès 1800. Il est juste, il est digne, de se souvenir des beaux faits qui ont illustré la France; c'est ainsi que l'on apprend aux jeunes générations à ne point manquer à la gloire de leurs ancêtres. Mais, il est essentiel de ne pas oublier les défaites qui ont affligé la patrie; car il faut par l'expérience de nos pères apprendre à les surpasser en sagesse. Bien souvent il est plus d'enseignements dans une défaite que dans dix victoires. Tout cela devrait militer pour la paix; mais le caractère français, à tant de belles qualités joint, si malheureusement, le défaut d'une incroyable forfanterie et d'une incorrigible présomption, que tout calcul de probabilités est impossible. Rien ne saurait donc autoriser à ne pas organiser notre établissement en Algérie, avec les mêmes précautions que celles qui seraient nécessaires si la guerre européenne était assurée pour demain.

NEUVIÈME OBSERVATION. — *Gouverneur civil ou militaire*. — L'auteur examinant la question : le gouverneur général en Algérie doit-il être civil ou militaire, répond il doit être militaire : opinion, en harmonie avec celle que nous avions aussi publiquement émise; et jusqu'à présent aucune raison ne nous a paru suffisante pour nous porter à revenir sur elle. Seulement, nous avions proposé de diviser l'Algérie en quatre provinces, sous quatre commandants supérieurs indépendants l'un de l'autre, dépendants directement du ministre, et ces circonstances rendaient ce choix fait parmi les membres de l'ordre militaire plus acceptable par tous. Cela était un avantage, car on ne peut se dissimuler que les idées qui dominent maintenant la société française, la rendent généralement hostile à toute décision qui remet entre les mains d'un militaire soit le commandement sur des personnes de l'ordre civil, soit la direction de grandes affaires. Si demain, M. Dupin était nommé général, on lui dénierait toute aptitude pour comprendre, discuter et résoudre la plus minime question de droit. L'auteur à ce sujet dit : « *La tyrannie militaire, le gouvernement du sabre, comme on l'appelle, n'est plus de notre époque.* » Cela conduit à examiner ce qu'était au juste ce pouvoir dont les rhéteurs parlent si souvent à peu près comme quelques uns parlèrent si longtemps de l'ogre de Corse. Au temps des empereurs Romains, alors que les légions défaisaient et faisaient le souverain suivant leurs caprices, on comprend très bien ce qu'était le pouvoir du sabre. Les légions se regardaient et devaient être à proprement parler regardées comme formant réellement la nation. Tout le reste de la population ne représentait devant elles que des ilotes, qu'un vil bétail, et cela était d'autant plus naturel que ces légions n'étaient formées que de recrues étrangères, tels que Gaulois, Hérules, Pannonniens, etc. C'était une nation de soldats fils de pays divers, se perpétuant par des affiliés successifs arrivant de pays divers, à peu près comme se recrutèrent les Janissaires à Constantinople, ou les Mamelucks en Egypte : Ces soldats élisaient un chef pour leurs propres besoins, et pour leurs propres besoins le renversaient quand il ne satisfaisait plus. Ainsi la nation réelle consistait en ce peuple de soldats ; pour elle la forme de gouvernement était républicaine. Quant à tous les autres individus, c'étaient des vaincus, des esclaves. Alors cette nation légionnaire fut aux autres Romains, ce que Rome jadis avait été aux peuples vaincus. Mais jamais les évènements survenus en France n'ont présenté rien de semblable. — Où sont la force, le pouvoir dans une nation comme la nôtre ? Dans cette pensée et dans ce besoin du moment qui servent de lien d'agrégation à la masse des individualités qui apportent ainsi en commun toutes les forces physiques et morales dont elles disposent personnellement. Sous la République, et par héritage sous l'Empire, le besoin et même la pensée avaient été la guerre contre les puissances coalisées. Toute la nation s'était jetée dans les armées ; il n'était pas de famille, quelque grande, quelque riche, quelque puissante qu'elle fût, qui n'y eût plusieurs de ses membres. Ceux-ci apportaient avec eux toute cette considération, tout ce pouvoir qui leur était inhérent, qu'ils tiraient de leur éducation, de leurs richesses, de leurs familles. Alors cette réunion était puissante en France, non parce qu'elle tenait l'épée, mais parce qu'elle était la nation réelle, celle qui a toujours le pouvoir. Cet évènement consistait uniquement en la nation qui s'était armée et qui tirait sa force de ce qu'elle était nation, et non des armes qu'il lui avait convenu de prendre. Mais ayant pris les armes pour s'en servir, elle avait confié ses volontés à un seul chef, parce qu'elle savait que c'est une condition indispensable à satisfaire, si on veut que les armes aient du succès. Ce chef armé n'était que le représentant des volontés de cette nation armée, et sa seule influence personnelle et de position devait tendre à maintenir cette volonté d'être armée, dans toute la nation, au fur et à mesure que des succès ou de l'ennui agissant sur des individualités isolées les porteraient à répudier cette grande volonté dont le maintien était encore indispensable. Si dans tout cela il se rencontrait un pouvoir spécial, demandant d'être désigné par un nom particulier, ce serait bien plutôt cet entraînement fébrile dû à l'intelligence du chef qui sut par lui maintenir dans la nation ce désir, cette volonté d'être armée. Où trouver en ces évènements rien qui ressemble au pouvoir du sabre? Pour que ce pouvoir eût été, il faudrait que ce chef ayant réuni une agglomération de janissaires, de prétoriens, de sicaires, les eût employés à courber la nation réelle sous leur joug. Rien dans les armées françaises n'a d'analogie avec de telles hordes; la nation ne se fût pas laissé soumettre ainsi; le chef n'eût pas été si fou que de baser son autorité sur l'unique appui de prétoriens qui auraient tenu sa tête à leur disposition. Le mot pouvoir du sabre fut une invention des gens de parti, des conspirateurs d'alors, des intrigants qui cherchaient la fortune; il s'est perpétué chez les autres comme se perpétuent tant de mensonges. Depuis, la pensée de la nation n'a compris que les plaisirs du matérialisme, et par suite le besoin de tous s'est concentré sur les écus; cette pensée et ce besoin particuliers sont devenus l'industrie, la volonté, le désir général. Tous les maux qui en résultent, à qui les imputer? — A la nation qui le veut ainsi, qui refuse d'avoir des mobiles plus louables, plus élevés. — Une nation est toujours sous le pouvoir de sa volonté générale, bonne ou mauvaise, généreuse ou lâche, noble ou triviale. Il n'est pas besoin d'imaginer pour cela un prétendu pouvoir extérieur, ni de lui créer un nom particulier.—Si la nation, pour une spéculation quelconque avantageuse avec l'étranger, venait un jour à se jeter toute entière dans l'industrie des souliers, on appelerait donc les actes du gouvernement d'alors, le pouvoir du tranchet?— Le pouvoir du sabre en tant qu'on veut peindre par cette expression la nation courbée dans la servitude par le sabre de quelques sicaires d'un maître, ne peut caractériser aucune époque dans l'histoire de la France; il ne peut servir à indiquer les temps passés qu'autant qu'il signifie l'action du sabre pris par la nation. Ce sont les nations étrangères, alors qu'elles étaient vaincues, qui pouvaient dire qu'elles étaient courbées sous le pouvoir du sabre; mais ce n'était pas à la France qu'une pareille lamentation convenait, car ce sabre c'était le sien, et elle ne le portait que parce qu'elle en avait le volonté. Maintenant, esclave-lige du matérialisme, elle se jette, maniaque, dans les spéculations et dans l'industrie; à peine envoye-t-elle un seul homme reconnu fort par lui-même, aux armées. Celles-ci ne lui demandent de ses classes élevées qu'une bien minime portion, car les vides du remplacement sont lents, et l'on n'est plus à cette époque où un jeune lieutenant restait pour commander un régiment tout entier représenté par ses aigles et quelques soldats prédestinés. L'armée actuellement n'est donc plus la nation, n'est donc plus la concentration de la volonté nationale. Elle n'est plus qu'un de ses instruments que cette volonté tient en réserve et dont souvent elle serait tentée de se défaire par spéculation et par économie. La volonté nationale actuelle a pour expression et pour symbole le matérialisme, ses délices, et ses périls. Si l'on a cru pouvoir caractériser la grande période finie, par l'image d'un sabre, à bien plus forte raison pourrait-on stigmatiser celle qui lui a succédé par l'enseigne d'un organe digestif. Il fallait bien que s'accomplisse la parole de Dieu : « Je punirai les pères dans les enfants. » Que la nation se réforme et se corrige, elle trouvera en haut lieu toute joie et tout concours pour l'aider à se relever. Mais si maintenat elle se trouve souvent compromise devant l'étranger, qu'elle ne s'en prenne qu'à elle-même. Que peut faire un peuple qui ne voit dans le monde que l'excellence de son pot-au-feu ? — Pourtant il faut le dire à l'honneur de la nation, ce mot : « Pouvoir du sabre » que le Général a si bien fait de repousser, disparait journellement ; il ne se retrouve plus que dans les bouches de ceux qui prouvent, contrairement à la saillie de Taylleand, que ne point être *militaire* ne suffit point pour être *civil*.

De tous ces faits découle une conséquence. Quelques bonnes raisons que l'on donne pour que le gouverneur général en Algérie soit militaire, jamais la nation, toute civile maintenant, ne voudra les comprendre. La force des besoins imposera ce militaire; la force de la pensée générale actuelle le combattera toujours, et elle se fera une arme de cette funeste manie de guerroyer qui a toujours entraîné les gouverneurs loin d'une saine voie de colonisation indélébile. Il existe donc là une grande difficulté à lever, et le faire par un gouverneur civil serait aggraver encore les dangers. — Quel serait le moyen le plus assuré, le plus convenable, pour y parvenir ?—Nous l'avons déjà publié, et nous ne sommes pas le seul qui ait émis cette pensée. Qu'un prince soit investi comme VICE-ROI *heréditaire*, du commandement de l'Algérie ; qu'il ne relève que du roi directement. Militaires et civils alors s'inclineront devant lui. Aucune querelle de préeminence d'un ordre sur un autre ne saura plus prendre naissance. En ce vice-roi sera placé le pouvoir centralisateur et dernier, pouvoir qui a besoin de résider en Algérie même pour le bien des choses, et que pourtant il serait impolitique et impossible de confier à un gouverneur ordinaire, puisqu'avec un tel gouverneur le ministère est toujours le responsable devant les chambres. Pour qu'un tel vice-roi puisse être établi et maintenu, il faut que la conservation et les subsides de l'Algérie ne soient pas mis annuellement en problème. Il faut donc que les chambres consentent à voter un budget perpétuel pour l'Algérie; le Roi au fur et à mesure des progrès proposerait les réductions convenables. La permanence de l'armée en Afrique serait entièrement en harmonie avec une telle vice-royauté, et rendrait plus facile l'appréciation du budget permanent. Des secours éventuels pourraient être accidentellement votés par les chambres. Une autre portion de budget relative à l'Algérie, mais comprise dans le budget administré par la France même, serait destinée à solder les colonies de prolétaires organisées en France; à payer leurs frais de route, les semences, outils, locaux, vivres d'une année qu'on leur donnerait en Afrique; l'Algérie fournirait ses comptes, pour ces dépenses, à l'administration en France qui les lui acquitterait; quant à cette fraction de budget, nous l'avons déjà dit, la France la supporterait avec plaisir, parce qu'elle y verrait le moyen de faire cesser le paupérisme; et d'ailleurs, il serait très facile de lui adjoindre de grandes ressources, en donnant un point de direction à des associations de bienfaisance qui se formeraient pour recueillir les dons de la charité chrétienne. Un tel vice-roi, sentant qu'il travaille pour lui, pour ses enfants; que son intérêt à lui n'est pas d'éblouir pendant quelques instants; qu'il doit se hâter de créer des choses stables; qu'il doit se hâter de pouvoir vivre par la terre même, afin de se soustraire le plus tôt possible aux chances d'une interruption de communications avec l'Europe; ce vice-roi aurait bientôt mis en bonne voie d'accomplissement, la solution de cette immense et dangereuse question. Les Arabes bien persuadés alors de notre volonté de fixité, et bien plus portés à saluer un fils de roi, parce que l'aristocratie est essentielle en eux, se rapprocheraient plus vite. Enfin l'on se soustrairait au danger d'avoir, dans des circonstances difficiles, une grande armée hors de France entre les mains d'un général dont les résolutions pourraient être douteuses.

Si, ce que nous ne saurions concevoir, une telle vice-royauté ne pouvait être érigée, comme ne se trouvant pas en conformité avec les lois constitutives du pays, ce serait un immense malheur. Alors nous ne verrions que le moyen que nous avons déjà proposé : « Diviser l'Al-« gérie en quatre provinces; leur donner à chacune un « commandant supérieur indépendant des trois autres, « et communiquant directement avec le ministre; for-« mer dans le ministère une division spéciale composée « de plusieurs notabilités pour diriger toutes les affaires « de l'Algérie, ou créer *un ministère à part* pour cette « contrée. » Cette division en plusieurs provinces n'est point une idée nouvelle, car nous voyons qu'elle fut exécutée par Auguste, l'un des plus habiles politiques de l'antiquité. Voici à ce sujet le texte de Rufus : *Ac per omnem Africam sex provinciæ factæ; ipsa* (Africa) *ubi Carthago est, proconsularis; Numidia, consula-*

ris; Bizacium, consularis; Tripolis et duæ Mauritaniæ, hoc est, Sitifensis et Cæsariensis, præsidales. Mais ce qu'il faut bien remarquer en outre, c'est que de ces six provinces, les unes avaient des gouverneurs militaires, les autres des gouverneurs civils; car les *præses*, relevant directement de l'empereur, commandaient et conduisaient les troupes; tandis que les *proconsuls*, relevant du sénat, ne revêtaient que la toge et ne pouvaient porter l'épée. Si des circonstances de guerre l'exigeaient, on changeait un proconsul en præses, ce qui était très facile à Rome, où tout magistrat avait été militaire. L'expérience prouva que les provinces proconsulaires (civiles) furent toujours bien plus malheureuses, bien plus *pressurées par le fisc*, que les provinces présidiales (militaires). — C'est une observation à ne pas perdre. — Quelques personnes ont objecté à notre proposition, qu'un gouverneur unique était nécessaire pour centraliser. C'est une erreur de mot; il centralise à peu près comme la boîte aux lettres. L'idée de centralisation comporte toujours l'idée de pouvoir définitif au point de centralisation. Or, le gouverneur réside à Alger, mais le pouvoir définitif réside forcément au ministère, qui ne peut s'en dessaisir, puisque lui est le seul responsable devant les Chambres. Le gouverneur n'est donc nullement une véritable centralisation; il n'en est que l'intermédiaire, avec toutes ses conséquences funestes aux autres provinces, et pour la plupart signalées dans *la Solution de la question de l'Algérie*. Les quatre provinces seraient centralisées à Paris, comme le sont tous les départements de France, et l'on pourrait ainsi rapprocher, l'une de la position de proconsulaire, et l'autre de la position de présidiale, suivant les circonstances. Enfin, ce mode soustrairait au danger de voir, à cette distance et dans cette position, une aussi grande réunion de forces sous un unique général. La tendance des établissements éloignés est toujours de se soustraire au commandement de la métropole; Auguste, héritier des guerres civiles, savait ce qu'il faisait en divisant ces possessions; plus tard, les empereurs, en ne l'imitant pas, eurent bien souvent à se repentir.

Dixième observation. — *Quelques produits de l'Algérie.* — Pour se rendre rapidement compte de la portée exacte de certains produits, il ne faut jamais perdre de vue ce qu'est *jusqu'à présent* l'Algérie. Cet établissement ne représente en réalité qu'une réunion de Français stationnant sur un coin quelconque du globe, ne tirant presque rien de ce coin, vivant généralement de tout ce que la France leur envoie. Sous un certain point de vue, c'est exactement pour la France et pour ces Français détachés, ce que seraient Toulon et sa banlieue, si Toulon et cette banlieue venaient tout à coup à être poussés de cinquante lieues au loin en pleine mer. Nous avons déjà examiné certaines circonstances relatives à cette comparaison. — Citons rapidement quelques produits.

La *douane* en douze ans a versé au trésor 10 millions; pour la France ce n'est rien; pour l'armée qui en a payé la plus grande partie, qui elle ne reçoit aucun supplément de solde, c'est une lésion injuste; pourquoi dans ce Toulon poussé en pleine mer, cette armée paie-t-elle plus au fisc qu'elle ne le ferait à Toulon resté continental? En bonne économie sociale tout produit basé sur une erreur de justice, est toujours en définitive une perte.

Les *importations* pour l'Algérie ont été en 1841 de 67 millions. Pourquoi nommer cela *importation* ? Nomme-t-on à Paris importation tout ce qui arrive des départements à cette capitale ? ce n'est à Alger comme à Paris qu'un mouvement de commerce intérieur. Mais il résulte de cette rectification de dénomination la preuve que notre commerce intérieur a été lésé : car sur ces 67 millions de marchandisés, 39 millions ont été fournis par les puissances étrangères ; au Toulon du continent ces 67 millions eussent été fournis par le commerce de France ; à ce Toulon poussé en pleine mer le commerce étranger a fourni les cinquante-quatre pour cent de toute la consommation. L'Algérie a donc rempli pour notre commerce les fonctions d'un marché négatif. Ces importations totales représentent un quotient de 620 francs par tête. Elles se sont composées de matériaux de construction pour l'Etat, de chevaux et mulets pour l'artillerie et le train, de la presque totalité de blé, de bœufs, de bétail, de vins, indispensable pour nourrir tous ces Français. En même temps que cela donne l'emploi du chiffre 620 francs par tête, cela indique que la concurrence étrangère de cinquante-quatre pour cent a été une perte de débouchés pour notre agriculture.

Les *exportations* de l'Algérie en 1841 ont été de 4 millions : 2 millions ont été à destination de puissances étrangères. Ainsi il n'y a eu que 2 millions à destination de France. Mais ces exportations pour France se sont composées pour leurs trois cinquièmes du retour vers la métropole des peaux, os et cornes des bestiaux que celle-ci avait expédiés pour nourrir l'armée et la population civile. Est-ce là une *exportation*, ou bien est-ce un *commerce intérieur*? On eût obtenu le même résultat à Toulon avec la présence d'un semblable personnel.

La navigation présente arrivés en Algérie six mille cent dix-neuf navires montés par quarante-sept mille trois cent vingt-quatre marins, jaugeant quatre cent soixante-quatre mille neuf cent trente huit tonneaux et transportant 65 millions en marchandises. Mais les marines étrangères y ont contribué pour trois mille deux cent vingt-cinq navires jaugeant deux cent quatre-vingt-treize mille six cent dix-neuf tonneaux, et transportant 39 millions en marchandises. Ainsi les navires français sont en nombre aux navires étrangers comme sept est à huit. Donc sur les quarante-sept mille trois cent vingt-quatre marins, il n'y a dû avoir qu'environ vingt-deux mille marins français. Mais chaque navire, l'un portant l'autre, a fait au moins quatre voyages dans l'année; ainsi cela réduit à cinq mille cinq cents au plus le nombre des marins français employés. C'est le chiffre exact de ceux-ci qu'il eût fallu faire connaître. Ce chiffre diminuera fortement si les relations s'établissent avec les indigènes, car le chargement général de ces navires avait été en blé, en bœufs, en chevaux et en mulets. Que pourraient y aller chercher nos navires? il se passera très longtemps avant que les Africains aient beaucoup de cargaisons de leurs produits à nous fournir, en revanche d'une grande consommation des nôtres.

Les *mines de fer* et *de cuivre* de l'Algérie que, dit-on, nous exploiterons, ne présentent qu'un résultat des plus improbables. Il ne suffit pas d'avoir des mines; il ne suffit pas de les exploiter; il faut que le prix de revient puisse supporter la concurrence avec celui des mêmes matières sur les marchés. Cela dépend de la facilité et de la brièveté des communications, du prix de la journée, de la proximité du combustible et de son abondance. L'énoncé seul de ces conditions suffit à porter bien au loin dans les prévisions de l'avenir, l'époque où ces mines, si elles sont puissantes, pourront être mises en exploitation.

Tout le revenu pour 1841, du en majeure partie à tant d'opérations fiscales, injustifiables puisque le camp lancé en pleine mer ne doit pas plus payer que le camp laissé en France, ne s'élève qu'à 6 millions. En le conservant dans ses formes, nous ne voyons qu'un moyen de le sanctifier pour ainsi dire. Qu'on l'emploie à donner de longues chemises de flanelle aux soldats pour les garantir des maladies; qu'on l'emploie à donner un supplément à tous les officiers faisant règlementairement *la guerre à pied*, pour qu'ils puissent plus facilement emporter leurs vivres dans les longues expéditions, car ce sont eux qui ont le plus de fatigues, et dont la solde a le plus besoin d'être secourue; contrairement à la demande de l'auteur, ce sont bien plutôt ces soldes, que celles des officiers généraux qu'il est utile, urgent même d'augmenter.

ONZIÈME OBSERVATION. — *Reproche de publication.* — On a reproché à M. le général Bugeaud d'avoir publié son mémoire, au moment où il punissait des sous-officiers pour une réclamation signée et envoyée par eux à un journal. On a eu tort, en ce sens que ces deux choses ne sont nullement des faits de même espèce. La punition était appuyée sur ce qu'un ordre du ministre défend aux militaires de faire nominativement aucune réclamation relative au service par la voie des journaux. Toutes les personnes raisonnant froidement reconnaîtront toujours que cette décision du ministre est rationnelle. Car en principe, l'armée obéit et ne discute pas; en principe le Roi et par suite le ministre sont pour elle la source de toute justice, et c'est à eux seuls que les individualités lésées doivent soumettre leurs réclamations ; porter officiellement ces réclamations devant l'opinion publique par la presse quotidienne, c'est dénier la qualité du ministre, même celle du Roi qui est le chef direct de l'armée. C'est par suite détruire la base de la discipline ; or sans discipline point d'armée. D'un autre côté, c'est aux chefs à n'appliquer la décision ministérielle que dans les cas pour lesquels elle a été faite ; c'est au ministre à se tenir en garde contre tout passedroit, contre toute injustice; car les passedroits et les injustices détruisent une armée plus que les boulets d'une grande bataille. Peser en elles-mêmes l'action des sous-officiers et celle de publications du général, ne nous appartient pas.—On peut regarder de plus haut. — En France le besoin actuel d'attirer sur soi les regards du public a introduit la méthode de prendre la presse pour auxiliaire, en la chargeant de reproduire une série de réclames intéressées dues à la plume de ses amis ou même à la sienne propre. Depuis un certain temps l'Afrique a transformé cette méthode en moyen. Ce moyen a quelquefois réussi. De là est né ce désir, peut-être même ce besoin, de ne rien laisser d'ignoré des services que l'on avait rendus, de trouver beau tout ce à quoi l'on a participé, quelque minime que ce soit. L'avidité dont on est dévoré en France pour tout ce qui fournit matière de nouvelles piquantes à raconter, est venue en appui à ces manières de faire. Voilà de conséquences calculées en conséquences toutes d'imitation l'origine de la démarche des sous-officiers. — Depuis que les discussions de la tribune ont marché toujours empiétant sur les pouvoirs et sur les actes de l'administration, depuis qu'elles sont devenues un moyen de s'emparer des ministères, l'entraînement du moment a amené les plus grandes indiscrétions ; trop de fois celles-ci ont été dangereuses et même blâmables devant la saine morale ; car un secret confié et accepté doit toujours rester un secret, quelque juste grief que l'on puisse nourrir contre ceux avec lesquels on en était dépositaire. Or une conséquence du fait de ces indiscrétions, est d'amener chacun à en commettre ensuite sans qu'il s'aperçoive qu'il en commet. Voilà ce qui a conduit M. le général Bugeaud à ne pas se souvenir que tant qu'il était gouverneur la presse lui était interdite ; que le ministère seul avait droit absolu sur ses pensées et sur ses projets. — Mais demander aux hommes de ne se laisser surprendre jamais par l'entraînement de tout ce qui nous entoure est demander l'impossible. — La cause réelle qui domine les deux sources d'erreurs que nous venons de signaler et qui forme le premier moteur de leur force impulsive, est ce pouvoir du verbiage qui enlace la nation et qui est bien plus puissant, bien plus tyrannique, bien plus néfaste que le prétendu pouvoir du sabre.

Douzième observation. — *Des maréchaux de France.* — Avec les armées actuelles, avec les principes qui gouvernent maintenant toute la société française, faut-il des maréchaux? — Sous l'Empire on conçoit leur création. L'empereur était lui-même son général en chef; ses armées étaient immenses; il avait à choisir parmi de jeunes généraux qui un instant auparavant étaient ses égaux, que la victoire avait déjà couronnés dans vingt grandes batailles, qui pouvaient mourir dans le printemps de la vie, comme moururent Desaix, Hoche, Marceau, sans craindre de n'avoir pas assez fait déjà pour la postérité. Il était certain de son choix; il en avait de nombreuses garanties; il savait que la jeunesse des élus lui promettait d'avoir longtemps à les employer sur ses champs de bataille; — quelquefois même il en faisait des Rois. — Par nos formes constitutionnelles maintenant, la place du Roi en France n'est plus, sauf par rares instants, à la tête de ses troupes. Quelle en est la conclusion? Il faut que ce soient les princes de sa famille qui puissent commander pour lui les diverses armées françaises. Le Roi sera plus certain de leur attachement; il pourra plus aisément leur pardonner les observations trop vives qu'ils auraient été contraints de lui adresser quelquefois; il pourra leur concéder une confiance plus illimitée relativement aux grades et aux décorations à accorder sur le champ de bataille même; or, ces récompenses tenues d'un prince constamment près du trône, et qui en gardera mémoire, auront des conséquences plus stables que celles tenues d'un général passager, qui quelques moments après, peut-être, sera définitivement rentré dans le repos. Le Roi ne sera plus ni accablé, ni souvent indécis, sous les rapports malveillants dirigés par la jalousie; car la jalousie se taira devant un prince; elle s'acharnerait contre un général, et cela d'autant plus qu'elle le rencontrera plus loyal et plus inabordable aux sollicitations de l'intrigue et de l'injustice. L'adieu fait à Louis XIV par le maréchal de Villars partant pour combattre « les ennemis du Roi », est encore plus vrai aux temps constitutionnels actuels qu'il ne l'était au temps de madame de Maintenon. — La raison exigeant ainsi que les princes puissent souvent commander les armées, sera-t-il possible de satisfaire aux nécessités de cette convenance ? — Oui. — Conduire une grande campagne, conduire les opérations décisives d'un grand champ de bataille, ne s'apprennent pas par le fait de commander longtemps un bataillon ou une brigade dans ces batailles. Cela s'apprend par l'étude, par un travail assidu de jour et de nuit, appuyé sur le plus de matériaux que l'on peut réunir. Si l'on en doute, que l'on consulte Napoléon, il répondra : « Voulez-vous « apprendre comment se fait la guerre, lisez, relisez « sans cesse ces grandes campagnes... »; si l'on en doute, que l'on consulte l'expérience, et l'on verra presque tous les grands généraux de la République, arrivés de prime abord sans études préalables, faire très longtemps des fautes graves, et ne commencer à comprendre la science de la guerre que lorsque Napoléon la leur eût dévoilée; qu'on lise ce que l'empereur lui-même a dit de tant de ces généraux. Or, qui mieux qu'un prince peut, dès sa jeunesse, réunir plus de matériaux, plus de moyens d'étude, recevoir une instruction plus complète ? Qui mieux que lui peut être amené dans ces temps de paix à voir et à remuer un plus grand nombre de forts rassemblements de troupes de toutes armes ? — Pour organiser, instruire, préparer, faire manœuvrer exactement sur un petit terrain les compagnies, les bataillons, les régiments, les brigades, les divisions, il faut des hommes spéciaux qui aient longtemps étudié et appris ces détails, qui surtout aient compris leur portée et leur esprit. Ces hommes sont précieux, car sans eux point d'armée, et pour qu'ils soient à hauteur de leurs positions successives, il faut qu'ils passent fructueusement par toutes les phases. — N'est pas bon inspecteur général, n'est pas bon divisionnaire qui veut, et l'Empereur choisissait avec soin ses divisionnaires quand il voulait les employer. — Mais dès que la question est de mettre ces éléments en mouvement sur la grande échelle des campagnes et des batailles, la science absolue des détails n'est plus nécessaire ; il suffit de connaître quels sont les moyens, quelles sont les ressource de chacun de ces éléments. — Ainsi un grand compositeur n'a nullement besoin d'être un exécutant ; mais il faut qu'il sache tout ce que produit, tout ce que peut produire chaque instrument. — Aussi l'histoire montre-t-elle les Gustave, Condé, Turenne, le prince Charles, Bonaparte, et tant d'autres guerriers illustres qui furent grands généraux dès leur jeunesse, dépourvus de la pratique des détails, mais puissants par le seul fait de leurs longues études. Le général Bonaparte de l'armée d'Italie n'aurait pu faire manœuvrer, à son commandement, quatre bataillons sur un champ de parade, et il eût été bien embarrassé pour passer une inspection générale; mais à cette même époque il ne se trouvait pas d'ouvrage militaire qu'il n'eût lu, étudié et annoté. Certes il faut à ces études joindre des qualités intellectuelles spéciales : il en est de cette science comme de toutes les autres. Mais l'histoire prouve que jamais un capitaine très instruit, quoique sans génie spécial, ne fera de grandes fautes, tandis qu'elle nous en montre par milliers qui ayant dédaigné l'étude, pensant que les impulsions de la fougue constituent le coup d'œil et le talent, firent perdre de grandes affaires par les mêmes fautes qui en avaient déjà fait tant perdre; il faut lire ce que Napoléon dit dans ses mémoires sur les généraux de ce genre. Enfin n'a-t-on pas vu, journellement, les généraux se servir avec talent de l'artillerie, des fortifications, des ponts militaires, tout étrangers qu'ils étaient aux connaissances de ces armes? — Or, si le grade de maréchal existait, il ne faudrait jamais en revêtir les princes, car, en outre de beaucoup de fortes raisons qui s'y opposent, l'inscription de ce grade dans la hiérarchie militaire ne serait plus qu'un leurre pour l'armée.—Dans un État, tout leurre est nuisible, et avec une armée surtout.—Mais si les princes n'en sont pas revêtus, pour leur donner le commandement des armées, on sera forcé de laisser les maréchaux en repos; on se privera ainsi des bons services de ces hommes de guerre éprouvés ; mieux eût valu pour l'État et pour eux ne pas les nommer maréchaux. S'il n'existe que des lieutenants-généraux, on aura toute facilité à choisir ce que l'on a de meilleurs pour remplir momentanément dans l'armée des princes les emplois de divisionnaires et de chefs d'état-major. Enfin, toutes les fois que l'on voudra confier une armée à un général des cadres, il sera plus avantageux de pouvoir choisir dans le grand nombre des divisionnaires, que d'être forcé de prendre parmi un petit nombre de maréchaux; ceux-ci peuvent au moment du besoin être, ou trop âgés, ou souffrants de blessures anciennes, ou baissés de vivacité et de facilité de travail. Avec nos immenses armées actuelles, on cesse de bonne heure d'être assez jeune pour satisfaire à tous les travaux de général en chef. Nous n'avons qu'un seul point de ressemblance avec les habitudes de Rome, dont les consuls redevenaient simples légats : c'est qu'une lettre temporaire de commandement en chef suffit pour donner à un divisionnaire une autorité incontestée sur tous les autres, même plus anciens ; il faut le garder bien précieusement, car souvent on aura, par récompense spéciale, élevé à ce grade de divisionnaire des officiers qui ne sauront jamais commander en chef. — Pour éviter la difficulté relative aux maréchaux, quelques personnes ont dit : « Que les princes commandent, comme jadis, sans avoir de grades ! » C'est une erreur. Par leur passage dans les rangs de l'armée sous les divers grades successifs, ils paient un grand tribut à la discipline militaire. Par cet hommage public, ils la consacrent et la relèvent, pendant qu'ils aperçoivent l'ensemble des détails, et qu'ils gagnent cette instruction nécessaire pour savoir exactement ce que peuvent et ce que nécessitent les mouvements des masses. Mais dans une armée, en campagne, que leur grade et leur commandement ne les mettent pas trop près du général en chef. Mieux vaudrait qu'ils eussent alors le commandement supérieur, car les princes sont hommes aussi. Or, le salut d'une armée ne saurait admettre la présence de deux autorités qu'on voudrait croire égales, et quelle que fût la bonne résolution préétablie du prince, les gens qui ne vivent que de divisions et d'intrigues auraient bientôt su trouver jour pour tout troubler. — De toutes ces considérations, il résulte qu'avec notre société actuelle les princes de la famille royale sont prédestinés à devenir les généraux en chef des armées françaises, et que dans la hiérarchie militaire le grade le plus élevé doit être celui de lieutenant général.

Si pourtant, dans le désir d'être favorable à l'armée en élevant quelques uns de ses membres à une haute position spéciale, on regardait le grade de maréchal comme indispensable, le moyen de tout concilier serait de ne l'accorder, en satisfaisant du reste à l'ordonnance, qu'à des lieutenants généraux devenus trop âgés pour exercer le commandement actif. Ces maréchaux, dont un appartiendrait à l'artillerie, un au génie, un au moins à la cavalerie, formeraient un conseil supérieur de la guerre; ce conseil serait pour la défense du pays et pour les opérations militaires une espèce de sénat ayant sa haute expérience pour premier guide. La loi même du 4 août 1839 est en harmonie avec les considérations développées, car elle veut qu'on ne puisse être maréchal qu'après avoir commandé en chef devant l'ennemi une armée ou un corps d'armée composé de plusieurs divisions de différentes armes; ainsi, évidemment, elle regarde cette dignité comme ne devant être que la récompense dernière de victoires décisives et de haute importance remportées contre de fortes armées, fortement constituées, qui mettaient la patrie en danger. Bonaparte, Masséna, Jourdan, Moreau, et tant d'autres, tout généraux en chefs qu'ils étaient, n'avaient pourtant que le grade de lieutenant général, et se retiraient simples lieutenants généraux, quoiqu'ils eussent porté à un degré bien haut la fortune des armes de la France. Le général en chef de l'armée d'Égypte, le vainqueur de Zurich, le vainqueur de Fleurus, le vainqueur de Hohenlinden, rentraient tous dans leur patrie pour n'y être que lieutenants généraux en disponibilité, et l'armée ne dépérissait pas pour cela.

Quelques personnes ont cru voir dans le mémoire du général Bugeaud une demande indirecte d'être élevé à la dignité de maréchal de France. Nous ne pouvons y rien apercevoir de pareil. Si l'auteur devenait l'objet d'une telle faveur, sans nul doute il s'en tiendrait heureux ; mais il n'est pas probable qu'il ait eu intention d'y faire songer. Venu en Afrique simplement pour satisfaire aux volontés du Roi, ses regrets constants étaient pour ses charrues ; il sait que les troupes d'Afrique sont dénommées *corps d'occupation* et non pas *armée*, ce qui ne le place pas dans les termes de l'ordonnance ; il sait qu'il existe encore en activité bien des lieutenants généraux qui ont commandé des corps d'armée sous l'empire ; il sait, mieux que tout autre, que ces combats de tirailleurs qui composent la guerre en Afrique, tout dangereux, tout harassants, tout méritoires qu'ils sont pour les soldats et les officiers, n'ont aucun rapport avec les mouvements d'une simple brigade dans les combats d'Europe. Il est donc plus que probable que l'on s'est complètement trompé en lui prêtant de tels désirs. Etre appelé, comme gouverneur général, à la gloire de mettre en bonne voie une question comme celle de l'Algérie ; avoir pour cela quatre-vingt mille hommes et les travaux de tant de prédécesseurs, constitue une position trop belle, trop avantageuse, pour qu'on puisse penser à en être recompensé par une autre faveur. La plus haute faveur qu'on puisse en ce monde accorder à un homme, c'est de le placer dans des circonstances permettant d'acquérir une glorieuse mémoire dans les siècles. La récompense des peines qu'on s'y donne est alors dans le succès même ; c'est la plus belle possible. — Quelques personnes ont à ce sujet cité la nomination du maréchal Valée ; mais c'était le général, divisionnaire depuis la prise de Tarragone, qui commandait l'artillerie à ce siège ; c'était l'artilleur qui depuis transformant tout le matériel de l'artillerie française, lui avait donné une supériorité immense sur l'ancien et sur celui des étrangers : là se trouve pour l'avenir le gain de cent batailles. En outre, la loi a ses réserves spéciales pour les maréchaux de l'artillerie et du génie. — Aucune analogie ne se trouve donc entre ces deux positions. — Les pensées qu'on a prêtées publiquement au gouverneur actuel nous paraissent donc prêtées à tort.

TREIZIÈME OBSERVATION.—*Paix de la Tafna ; Abd-el-Kader.*— Peu de traités ont excité autant de plaintes et de reproches que celui de la Tafna. La cause s'en trouve dans l'esprit de parti et dans cette étroitesse de vue et de pensée qui résiste à tant d'enseignements, qui juge de la portée d'un fait pour les Arabes par sa portée pour les Européens. L'on a toujours reproché à ce traité d'avoir créé Abd-el-Kader parce que ce traité l'avait reconnu. Mais il n'en est pas de ces peuples comme des nôtres chez qui un souverain n'ose jamais se croire souverain s'il n'a pas été salué tel par toutes les autres puissances. Napoléon poursuivi par le continuel refus de l'Angleterre à le reconnaître, mort jeté dans une prison anglaise par toutes les puissances coalisées, reste en effet exemple gigantesque de la force de ce despotisme ; Empereur européen devant les siècles, il ne put jamais être qu'un simple général devant la chancellerie anglaise; un mot de cette chancellerie, et il était assuré du trône que cent victoires ne purent lui conserver. Insouciants de telles violences, les Arabes, eux, virent uniquement dans le traité un fait de la victoire soucieuse du triomphe de l'Islam; mais ce fait, ils ne l'accueillirent pas avec joie; ils le reprochèrent à Abd-el-Kader au nom du Koran proscrivant une paix avec l'infidèle. Tout à la fois ce traité fut donc infirmé par l'opinion des deux nations contractantes, et, singularité très rare, il imposa aux deux chefs, Abd-el-Kader et les gouverneurs, une marche méticuleuse envers leurs administrés portés à le rompre spontanément. Ses bases seules, si l'on eût prévu cette circonstance possible à prévoir, eussent aidé la prolongation de son existence, objet des vœux secrets d'Abd-el-Kader. — Mais loin de là : mettre les deux nations ennemies en contact dans une même plaine sans grand obstacle de la nature pour les séparer, laisser les autres limites dans un vague complet, ne pouvait que prodiguer aux Arabes toutes occasions de conflit pour contraindre l'Émir à la guerre. — Si les crêtes des montagnes, de Cherchell au Zacar et aux Issers, eussent formé la limite d'Alger; si une zône extérieure eût été déclarée neutre, si l'on eût exactement fixé, à peu près suivant le méridien d'Alger, la délimitation Est des possessions de l'Émir, sans nul doute la paix eût duré plus longtemps. — Pouvait-on obtenir un tel traité ? Cela n'est point certain. — S'y être fié, avoir par nos actions indiqué une trop forte répugnance à le rompre, voilà le plus grand malheur; mais c'est qu'on avait pris la paix avec les Arabes pour base de colonisation, tandis qu'il faut seulement la prendre comme une éventualité favorable dont on se hâte de profiter. Par la loyauté du gouvernement à garder ses engagements avec trop de scrupule on se trouvait dans une impasse funeste. Telle fut la conséquence incontestable du traité. Mais Abd-el-Kader, lui, il était né bien avant. Il était né de ce jour où, criant à ses frères : « Mourons pour défendre Dieu et notre terre, » il fut entendu d'eux. Il était l'Émir pour le général Boyer, il était l'Emir pour le général Desmichels qui traitait avec lui ; il était l'Emir parce que LA LIBERTÉ lui avait confié son épée ; il peut tomber comme Aristomène de Messénie, mais il aura été et toujours il sera l'Emir. Le traité de la Tafna n'est qu'un des accidents de son Protectorat. C'est la volonté des siens qui lui a donné argent, armes, chevaux, soldats, comme elle lui donna le pouvoir absolu bien avant cette paix. Français, je désire sa chute, puisque la lutte s'est renouvelée ; ma conduite militaire répond de ma parole. Mais Abd-el-Kader est l'homme de l'histoire, elle ne saura plus l'oublier ; elle redira son nom ; elle le peindra sans canons, sans arsenaux, sans trésor, usant pendant longues années des armées immenses, braves, bien munies, incessamment renouvelées ; lorsque ce nom lui rappellera les chefs qui tentent la gloire en s'acharnant à sa perte, peut-être inscrira-t-elle en regard ce jugement de Napoléon : « Si la gloire de César n'était fondée que « sur la guerre des Gaules, elle serait problématique ; « que peut la bravoure privée de la science militaire con- « tre une armée de ligne disciplinée et constituée comme « l'armée romaine ? » Elle absoudra Abd-el-Kader de ses exécutions rigoureuses : les peuples combattant pour la liberté n'ont-ils pas toujours voué leurs déserteurs à la mort? — Pauvre enfant du désert! n'ayant pour richesse que ton Koran, ton chapelet et ton cheval, pour armes que ton génie et ta parole, tu tomberas peut-être comme le haut palmier sous l'effort du Simounn? *How stately art thou, son of the desart, but this tree may fall.* Mais les générations futures exalteront ton nom; malheur au cœur qui ne saurait bénir les martyrs de la liberté! Oh que Byron n'est-il encore de ce monde! sa harpe vigoureuse eût vibré par les échos de ton nom, et tu pourrais mourir consolé comme les héros de Fingal, car tu eusses entendu ta gloire éternisée dans les chants du barde. Tombe, si la Providence l'a prescrit dans son impénétrable sagesse; mais ne désespère point du souvenir éternel, la Providence ne défend point de te plaindre. *Raise the song of mourning, o bards, over the land of stangers. They have but fallen before us: for one day we must fall* (1).

QUATORZIÈME OBSERVATION. — *Faut-il conserver l'Algérie?* — Examiner si l'Algérie doit être conservée ou abandonnée, est une question dont le temps a fini; depuis des années elle a dépassé le domaine des spéculations particulières. L'Algérie est dans cette position politique où se trouvent toutes les conquêtes non-séculaires; elle constitue, sous ce rapport, un fait principal primant d'une hauteur immense le fait industriel. Au gouvernement seul appartient la possibilité et de sonder la question et de prévoir les éventualités, éventualités auxquelles il doit se préparer. Là, seulement, se trouvent des notions complètes et, par suite, des mains ren-

(1) CARTHON: a poem of OSSIAN.

dues aptes à mesurer toutes les dimensions du problème et à apprécier les relations qui les relient. — Qu'un traité (et ceci n'est qu'une folle hypothèse) donnant toutes garanties, offre à la France la limite du Rhin jusqu'à la mer pour l'abandon de l'Algérie, pense-t-on que le maintien de l'occupation conserverait tous ses partisans actuels en balance du refus d'un tel échange? — Personne depuis longtemps ne veut plus se prêter à écouter des discussions sur telle cause; car tous sentent que d'autres considérations à eux inconnues dominent et domineront de très haut cette question pendant un grand siècle. Ce que l'on demande aux individualités, c'est la vérité scrupuleuse sur le pays même pour le bon et pour le mauvais côté; ce qu'on leur tolère, c'est l'exposé de leurs vues d'affermissement si l'on y trouve impartialité, suite, et conviction; ce qu'on espère en obtenir, ce sont des enseignements utiles aux entreprises particulières, utiles aussi à l'Etat pour les détails de son établissement. A ces conditions la partie de la société qui est studieuse et qui se garde des passions, sera contente. Cela doit suffire et suffit en effet à celui qui, dégagé de toute illusion, n'a dans ses paroles d'autre mobile que la vérité, d'autre but que d'aider à l'établissement même. Quant aux individualités passionnées par des intérêts de fortune ou d'amour propre, il doit s'attendre à se les trouver contraires. S'il n'a su voir tout en beau, ses récits seront incriminés comme dangereux et mauvais; s'il n'a su, en même temps, voir tout en mal, ses pensées seront traitées d'utopies; s'il n'a su admettre l'intérêt de quelques spéculations de fortunes individuelles comme ayant droit à constituer exclusivement et la cause spéciale de la conquête, et un obstable inviolable, il sera convaincu de prêcher la perte de la colonisation et l'abandon du pays ; si examinant successivement une série d'évènements possibles il a cherché à voir ce qu'il y aurait de moins mal à faire dans chacun d'eux, il sera accusé de tout ce qu'on voudra d'hostile aux intérêts et à la gloire de la France. Mais s'il a l'expérience du monde, lorsque toutes ces choses arriveront il n'en sera ni surpris, ni affecté.

Convaincu de l'exactitude de ces remarques, nous n'émettrons aucune opinion sur le besoin de conserver ou d'évacuer l'Algérie ; nous ferons ce que nous avons déjà fait dans notre SOLUTION, ce que nous avons fait dans deux articles du *Spectateur militaire*. Que l'on déduise de ces écrits telle conséquence que l'on voudra soit pour le maintien, soit pour l'abandon de l'Algérie; chacun est libre. Pour nous, nous abstenant complètement, NOUS PROTESTONS contre toute conclusion de ce genre A NOUS PROPRE, que l'on prétendrait être formulée dans nos écrits. — Pour telle question nous nous regardons comme incapable, parce que dépourvu des données qui la compliquent, nous entrevoyons pourtant qu'il en existe un bien grand nombre.

Si ces pensées, que nous croyons justes, eussent été plus généralement répandues, on n'eût pas tant attaqué le gouvernement en lui prêtant d'une manière si inconvenante de prétendues intentions secrètes hostiles aux intérêts de la France. On se fût souvenu qu'il doit avoir au moins autant d'amour de la patrie que nous tous. Le mémoire du général Bugeaud en accusant pour 1842 un chiffre de soixante-dix-huit mille quatre cent soixante-quatorze hommes, renverse cette inculpation récente, répétée, que l'armée en Afrique était seulement de cinquante-quatre mille hommes, contrairement aux comptes rendus par le ministère. C'est un exemple dont il faudrait profiter.

Mais il est un fait social. L'avantage matériel le plus positif que depuis onze ans nous ayons aperçu dans la possession de l'Algérie, est le moyen infaillible que cette terre offre à la France de guérir son paupérisme : le paupérisme, cet implacable accusateur de la morale des peuples, qui ronge la France de plus en plus, qui avilit l'Angleterre et montre du doigt l'heure de son bouleversement. — Longtemps le paupérisme ne fut point signalé; la fortune des églises, fondée sur la charité chrétienne et sur tant d'exactions malheureuses, y subvenait. Le pouvoir temporel ne voyant que la mendicité qui infestait le territoire de ses vices et de ses crimes, ne pensa qu'à elle. Il déploya toute sa rigueur et en même temps toute sa sollicitude pour l'extirper; mais il ne put y réussir, car il se formait en arrière un paupérisme qui, grandissant de jour en jour, envoyait ses plus malheureux et ses plus démoralisés en recrues à la mendicité. Ni le roi Jean par son ordonnance de 1350, ni François Ier, ni Louis XIV, ni la Convention, ni Napoléon, ne purent effacer la mendicité, parce qu'ils ne purent fournir assez de travail à ses membres, et ils ne le purent pas parce qu'il existait déjà une autre classe nombreuse et fière, qui, faute de travail suffisant, expirait dans les angoisses de la misère et de la faim. Cette classe est celle qui forme le paupérisme proprement dit. Par l'accroissement annuel de notre population, qui est d'environ cent soixante deux mille ames, c'est à dire d'un dixième en dix-neuf ans; par l'usage illimité des machines, par la liberté de concurrence, par les tendances oligarchiques toujours croissantes, ce paupérisme a marché à pas de géants, et l'on peut prévoir où il nous mènera. Déjà il renferme plus du vingtième de la population, en y comprenant la mendicité qui forme son huitième ou le cent soixante-sixième des habitants de la France. Effrayés des terribles conséquences morales et physiques d'une telle invasion, des hommes toujours d'un mérite éminent, souvent d'une haute piété, se sont efforcés depuis vingt-cinq ans de lui présenter des digues ou de lui faciliter des moyens d'écoulement. Leurs livres sont dans toutes les mains, et le mal existe, toujours grandissant, car ils ont trouvé ses causes bien plutôt qu'un remède applicable aujourd'hui. Mais ces hommes ont fortement fixé leurs vœux sur la culture et sur les colonies agricoles. L'Algérie semble nous avoir été offerte par la Providence, pour réaliser leurs pensées et pour mettre un terme à tant de maux. Qu'un plan invariable, calculé avec humanité, soit fixé pour la colonisation; que des lois organisatrices soient promulguées pour recruter les colons, consolider leur inscription, discipliner leurs compagnies; qu'une section du budget soit consacrée à ces colonies; qu'on fasse un appel journalier à la charité chrétienne et aux tendances sociales des jeunes hommes de notre temps; et, sans nul doute, on marchera rapidement tant à une véritable colonisation de l'Algérie, qu'à une diminution progressive du paupérisme dans notre patrie. Certes la France ne comprendra jamais qu'elle doive consentir annuellement à de grandes dépenses, pour fournir à quelques individualités les moyens de se procurer de grandes fortunes ; elle n'a accédé à de douloureux et nombreux sacrifices, qu'en la berçant sans cesse de l'espoir d'une conquête définitive, qu'on lui promettait toute prochaine. Mais lorsqu'il ne s'agira plus de quelques spéculations privées sans portée pour elle ; lorsqu'il s'agira d'une cause aussi chrétienne, aussi noble, aussi grandiose que l'extinction de son paupérisme ; qu'on n'en fasse nul doute, il sera bien facile d'exciter en elle un élan irrésistible, qui jettera en abondance vers ce monde nouveau des bras vigoureux et sobres, et tous les fonds nécessaires à leur établissement. Comment ! un commissaire de police, en 1830, a pu diriger d'enthousiasme vers l'Algérie plus de quatre mille volontaires parisiens (dont deux cents au plus étaient des hommes tarés et perdus), et l'on désespèrerait d'en faire incomparablement plus que ce commissaire, dont le pouvoir ne dépassait pas le mur d'octroi ! — Jeunes enfants de Paris ! vous, si électrisables ; vous qui disiez à votre chef : « Ne crains rien, commandant ; on ricane en « regardant nos vêtements rapiécés, nous montrerons, « nous, que les Parisiens savent vaincre ; » vous qui trois jours après, au Téniah, teniez si brillamment votre parole malgré tant d'exemples faits pour terrifier des braves ! Jeunes enfants, qu'êtes-vous devenus ? Vous pouviez fonder de grandes choses, et l'on n'a su que vous crisper sous les picoteries d'une immobile discipline ; et l'on n'a su que vous confiner dans des camps solitaires et mal placés. Une atmosphère délétère, des privations sans nombre, des travaux de routes, bien plus que le fer ennemi, vous ont dévorés ; et vos ossements répandus çà et là, blanchis sous ce soleil qui vous vit si glorieux, miroitent aux yeux du voyageur indifférent qui sait à peine que vous avez existé et vaincu. — Carthage condamnait à mort le général qui perdait son armée : l'indifférence de nos lois pour garantir le salut de nos soldats, qu'est-elle ? — rétrogradation, ou progrès ? — La France ne trouvera jamais la justification de ses pertes funèbres et ruineuses dans quelques CAPITAUX individuels sortis de la solde de l'armée ; la France restera toujours combattue par deux sentiments opposés : l'amour-propre qui lui défend de se retirer, la piété patriotique qui l'interroge sur ce qu'elle poursuit. Mais pour une cause aussi belle que l'extinction de son paupérisme, elle s'élancera de ses fondements, comme dans une croisade nouvelle ; elle ne demandera que des lois qui organisent et soumettent au serment ses croisés ; elle ne demandera qu'un chef, qui, croisé comme les autres, n'ait d'autres vœux, d'autres serments que pour cette grande pensée. Mais ce chef, elle ne le trouvera que dans un vice-roi héréditaire, dominant l'avenir par ses descendants : un gouverneur ordinaire ne saura jamais qu'exciter et produire quelques intérêts privés. — Certes, l'oligarchie s'opposera à de telles entreprises. Le paupérisme n'est-il pas son troupeau, la source de ses spéculations ? n'est-ce pas toujours dans ces mêmes idées qu'elle demande l'application de l'armée aux grands travaux en France, sans que personne ait songé à lui crier, ce qu'elle sait si bien, que cet emploi est un puissant moyen d'augmenter le paupérisme. L'oligarchie, bientôt, dévorerait tout : ROI, LOI, NATION. Mais elle sera arrêtée. — La nation, si on le veut fortement, s'émouvra tout entière pour la croisade nouvelle, et ce sera le premier pas qui rétablira dans sa plénitude morale de puissance cette religion dont un bienfait social est de prêcher l'amour de la sobriété, de la pauvreté, et qui nous fut voilée par cela même que ses ministres foulèrent aux pieds leur vœu de pauvreté.

Il est une autre entreprise dont la poursuite dans la conquête de l'Algérie, doit flatter de nobles espérances chez la partie saine de la nation. Cette entreprise est toute religeuse, toute morale; c'est la civilisation des populations africaines. Mais ici la question est environnée de nuages épais, de clartés trompeuses, et sans pilote habile on risque, sous l'empire de ces prestiges, de voguer bien loin du port que l'on désire. La civilisation que nous avons en vue, est celle qui découle tout entière de la morale du Christ; ce n'est nullement cette civilisation matérialisante qui a pour pole la satisfaction des besoins, pour moteur l'individualisme, pour moyens la création incessante, indéfinie, de nouveaux besoins, pour morale la justification par le succès quelque vils qu'aient été les moyens. Mais tant de personnes maintenant, surtout parmi celles qui ne s'occupent que du lucre, comprennent la civilisation de cette perverse manière, qu'il est bien à craindre que ce soit celle vers laquelle on s'avancerait. Le premier principe de la civilisation chrétienne ordonne de se souvenir que tous les peuples descendent du même père, de regarder tout homme comme son propre frère, d'être pour lui charitable, indulgent aux fautes et oublieux des offenses. Calmer les esprits, multiplier tous les obstacles matériels qui diminueront les causes de l'effusion du sang et du pillage, tolérer les indigènes trop âgés pour se rallier, gagner à nous autant que possible la jeunesse par une instruction saine ; bien calculée, répandue avec profusion, tels seraient les moyens décisifs de satisfaire à ces principes, de marcher à ce que veut la vraie civilisation. Mais lorsque retentissent tant de cris venus d'Afrique, qui n'invoquent que châtiment, mort, massacre contre les indigènes, on croit reconnaître ces longs rugissements des lions et des hyènes qui, affamés, rodaient la nuit autour de nos bivouacs. Chose bien remarquable ! Voilà où conduit une avidité de fortune froissée, tandis que la guerre laisse le soldat bon et humain aussitôt que l'action même du combat est passée ; — et pourtant on ne sait en être surpris en interrogeant les principes : le noble emploi du courage et l'obéissance au prince entrent dans la morale du Christ, le désir des richesses en est proscrit. — Pour civiliser, ce sont des idées évangéliques qu'il faut répandre ; et qu'on y réfléchisse bien, ce seront des idées qui assureront notre domination, car ce sont des idées qui nous font la guerre. — On a dit qu'Abd-el-Kader avait des trésors considérables ! son plus grand marché, dont on ait eu connaissance, fut conclu avec un Français, qui s'engageait à lui fournir six mille fusils à 35 francs pièce, et mille barils de poudre à 222 francs ; le bénéfice du vendeur eût été de 20 francs par fusil, et de 140 francs par baril, mais ce marché ne put être exécuté. — La force réelle d'Abd-el-Kader, la force qui nous résiste, a sa source dans des idées ; or des idées ne se détruisent que par des idées nouvelles et supérieures. Ce principe doit diriger notre marche vers la victoire ; ainsi dirigée notre marche paraîtra plus lente, mais elle sera plus assurée. Les militaires ont dit : nous résoudrons la question entière par les armes seules; les administrateurs, par des règlements universels; la magistrature, par l'extension du pouvoir judiciaire sur toute l'Algérie; les médecins, par l'établissement de nombreux hôpitaux *gratis* pour quiconque se présentera. Le clergé a été moins présomptueux: « Je refuserai autant que possible, a-t-il dit, « toutes les conversions; je prêcherai par l'exemple « d'une morale religieuse et d'une haute probité, que je « m'efforcerai de rendre générales chez les nôtres; je ré- « pandrai l'instruction parmi la jeunesse de nos adver- « saires. » Ceci est, en partie, l'application de cette parole de saint Augustin à Publicola: « J'aime mieux le « serment fait aux faux dieux s'il est respecté, que le « serment fait au vrai Dieu s'il est violé. » — Bien des personnes pensent que jusqu'à quinze ans l'instruction publique doit être remise entre les mains du clergé: certainement ce serait par l'Algérie que l'on devrait commencer. — Civiliser les indigènes en Afrique est une noble pensée; y réussir est possible; chaque progrès dans ce sens serait une consolidation pour nous. Mais pour civiliser il faut nous montrer civilisateurs. Le pourrons-nous? — Oui, si le gouvernement le veut fermement.

On vient d'envoyer des trappistes pour cultiver en Afrique; c'est une heureuse pensée. Ils donneront à nos populations l'exemple de ce que peuvent des hommes ayant fait vœu de pauvreté, de travail, et de discipline; ils seront un modèle complet de ce que devrait s'efforcer d'être une population de colons. Probablement ils ne seront point inquiétés, car jusqu'à ce jour les Arabes ont respecté nos ecclésiastiques. Tout ennemis qu'ils sont du christianisme, ces hommes croyants pensent que ce serait un crime devant Dieu de maltraiter celui dont les fonctions sont de prier Dieu. Voilà comme se rencontrent tous les contrastes dans ce peuple si différent des peuples que nous sommes habitués à voir. — Des bataillons permanents, cultivant à leur bénéfice, seraient aussi des hommes pliés à la pauvreté, à la discipline et au travail; ils formeraient un second modèle moins accompli que celui des trappistes. Sous ces exemples et sous ces protections religieuses ou militaires s'établiraient les colonies du paupérisme. Alors on serait assuré de progresser vers la colonisation et la civilisation. Oui ! PENDANT UN GRAND SIÈCLE IL FAUT QUE LA COLONIE D'AFRIQUE SOIT UN IMMENSE ORDRE RELIGIEUX, AGRICOLE ET MILITAIRE, AYANT FAIT VOEU DE PAUVRETÉ, DE DISCIPLINE ET DE TRAVAIL.

Tout corps ainsi réservé à de difficiles entreprises exige pour réussir une tête puissante dépositaire d'une pensée toujours constante, toujours attentive, toujours prévoyante. — Où la trouver ? nous l'avons déjà dit.

Certaines idées émises dans ces notes seront probablement contestées. Que l'on s'isole de toutes passions, de toute préoccupation, de tous partis; que l'on s'isole entièrement seul à seul avec la question algérienne; que l'on se mette dans cette position où nous étions, et peut-être pensera-t-on comme nous. — Nous avons parlé suivant notre conscience et nos convictions.

FAIS CE QUE DOIS, ADVIENNE QUE POURRA.

FIN.

TABLE DES MATIÈRES.

FIN DE LA TABLE.

www.ingramcontent.com/pod-product-compliance
Ingram Content Group UK Ltd.
Pitfield, Milton Keynes, MK11 3LW, UK
UKHW012225240726
13966UKWH00003B/952

9 782012 878044